第四政党体系以来的美国关键性选举

王一鸣 著

世界知识出版社

图书在版编目（CIP）数据

第四政党体系以来的美国关键性选举/王一鸣著.—北京：世界知识出版社，2023.2
ISBN 978-7-5012-6580-0

I.①第… II.①王… III.①政党—政治制度—研究—美国 ②选举制度—研究—美国 IV.①D771.264 ②D771.224

中国版本图书馆CIP数据核字（2022）第205679号

书　　名	第四政党体系以来的美国关键性选举 Di-si Zhengdang Tixi Yilai de Meiguo Guanjianxing Xuanju
作　　者	王一鸣
责任编辑	罗庆行
责任出版	王勇刚
责任校对	陈可望
出版发行	世界知识出版社
地址邮编	北京市东城区干面胡同51号（100010）
网　　址	www.ishizhi.cn
电　　话	010-65265923（发行）　010-85119023（邮购）
经　　销	新华书店
印　　刷	北京虎彩文化传播有限公司
开本印张	880毫米×1230毫米　1/32　7¼印张
字　　数	160千字
版次印次	2023年2月第一版　2023年2月第一次印刷
标准书号	ISBN 978-7-5012-6580-0
定　　价	88.00元

版权所有　侵权必究

献给故乡与友人、荒土与黎明

代 序

2018年初，在中国高规格接待特朗普的访问后不久，这位美国政客悍然发动了对中国几乎全面的抨击和挤压。在此以前，他已经提出了对中国的战略军事遏制甚或反推，接过了日本对华遏制先锋安倍的"印太联盟"设想，并将之转变为只有美国才能够主持的战略军事乃至战略经济联盟。一年半后，特朗普再次开创了对华高技术脱钩和遏止，为美国对华经久战略增添了另外一个极为重要的对抗成分。及至2020年春末，特朗普几乎已经确信，新冠肺炎疫情可能会葬送共和党人稳操胜券的是年总统竞选，从而彻底转向对华歇斯底里。

特朗普般的总统角色是如何从美国的政治系统和政治过程中生成的，这是研究美国选举政治最为重要的学术背繁。自独立战争以来，美国的政治变革大致通过政治系统与社会力量、政党与选民关系的周期性重构实现，关键性选举是记述这一政治过程的最佳视角之一。王一鸣博士出自独立思考和独自撰写的博士学位论文《美国政治变革的代言人——第四政党体系以来的关键性选举研究》，将选举政治研究置于美国政治变革的大历史中予以考察，深入探究政党选民联盟的结构变迁与平衡转移，形成了很多极具历史纵深感和现实启发性的思考，一定程度上填补了国内相关领域的研究缺失，即使与美国学界相关研究相比也可谓富有创新性和洞察力。

王一鸣博士曾在中国人民大学国际关系学院攻读国际政治博士学位，是我近30年来指导过的博士研究生当中甚有智识才华也甚为朴实诚挚的一个。他的博士学位论文结构层次非常清晰，内容论述颇为深刻，文字风格活泼生动，具有很强的历史意识、理论悟性和现实关怀，同时兼具很好的学术出版价值。论文原定标题过于贴合学界术语，一定程度上冲淡了其广泛可读性和传播性。世界知识出版社慧眼识俊，准备出版经过一定程度更新和修改的此文，实属合时之举。

写下这篇序言之时，正值特朗普这名政治家适才宣布要参加美国2024年总统竞选，其所代表的民粹主义乃至原教旨美利坚主义，在直至目前尚不可预见其终止的长久未来，仍将是美国政治系统和社会文化中的一大重要势力。2020年美国大选中岌岌可危地险胜特朗普的拜登似乎与之水火不容，然而这只是就美国国内党派利益、政治偏好而言，在对外特别是对华问题上，两党必然会更加"同仇敌忾"（用拜登的话说是"同心同德"即"like-minded"）。美国政府基于"印太"联盟与其多面弹性扩展的"印太战略"，连同与之错综交织的对华政策，将如何影响或改变美中两国的权势对比，这肯定是个非常复杂能动因而难以全面定论的问题。无论如何，一系列具体事态提示，竞争双方皆有各自的比较优势。从美国的角度来说，它的超级强国履历、经验和可利用的盟国/伙伴资源甚多。在此情景下，中国传统的"战略保守主义"经验大可借鉴。1500余年前，东晋中期重臣兼战略思想家、博学笃慎的蔡谟雄辩地反对大举北伐的主张，那是大外戚庾亮实为家族权势而提倡的。蔡谟辩之："原始要终，归于大济而已。岂与当亡之寇争迟速之间哉！夫惟鸿门之不争，故垓下莫能与之争。文王身圮于羑里，故道泰于牧野；句践见屈于会稽，故威申于强吴。今日之事，亦由此矣。贼假息之命垂尽，而豺狼之力尚强；宜抗威以待时。"用现代话语概括，蔡谟所表达的战略意涵乃是，最终目的第一，其余皆可退让、皆可待时，倘若退让和等待实为一时之必需。贤哲斯辞，金玉良言。

是为序，并致敬于世界知识出版社和一鸣后学。

时殷弘
2022年11月于北京

目 录

前 言 1

第一章 关键性选举的理论与现实 7
一、关键性选举理论的诞生与发展 7
二、关键性选举实践的界定与争议 15

第二章 美国工业化与共和党世纪基本盘的塑造 28
一、19世纪后半叶的美国政党体系 28
 （一）南北战争前的选举政治格局 28
 （二）重建时代的选民盘面分化 30
 （三）镀金时代的两党均衡博弈 32
二、第四政党体系的楔子议题 34
 （一）工业美国还是农业美国？ 34
 （二）金本位还是金银双本位？ 37
三、第四政党体系的政党选民联盟 39
 （一）"金十字架"演讲与失败的工农联盟 39
 （二）中西部争夺战与两党的南北分治 43

四、第四政党体系的政党政治格局..................................45
　　（一）人民党消亡与布赖恩的政治遗产..................46
　　（二）"大佬党"崛起与共和党世纪基本盘的确立.....50

第三章　罗斯福新政与民主党世纪基本盘的塑造..................53
　一、"大萧条"与共和党的盛极而衰..................................53
　二、第五政党体系的楔子议题..57
　　（一）放任的政府还是干预的政府？..........................57
　三、第五政党体系的政党选民联盟..................................61
　　（一）从工农联盟向城市进发......................................61
　　（二）从"老南方"向西部扩张......................................64
　四、第五政党体系的政党政治格局..................................68
　　（一）新政联盟与保守联盟的经久对抗......................68
　　（二）新政遗产与民主党世纪基本盘的确立..............72

第四章　新政体系瓦解与两党世纪基本盘的互换..................78
　一、新政体系的勃兴与瓦解..78
　二、第六政党体系的楔子议题..81
　　（一）平权还是反平权？..82
　　（二）战争还是反战争？..87
　三、第六政党体系的政党选民联盟..................................91
　　（一）黑人和白人选票的疾速分化..............................92
　　（二）两党选区南北大挪移..94
　　（三）城郊中产阶层的兴起..96
　　（四）代际政治的显著分化..97

四、第六政党体系的政党政治格局...........................98
　　（一）共和党保守主义的涅槃重生...........................98
　　（二）民主党激进主义的漫长求索.........................104

第五章 "第三条道路"与民主党的温和回归...........112
　一、冷战结束与新民主党人的异军突起.....................112
　二、第七政党体系的楔子议题.................................117
　　（一）"看我的嘴唇，不增税！"...........................117
　　（二）"笨蛋，是经济！".....................................120
　三、第七政党体系的政党选民联盟.............................123
　　（一）寻回里根民主党人.....................................123
　　（二）打造"新新政联盟".....................................126
　四、第七政党体系的政党政治演变.............................129
　　（一）从里根保守主义到克林顿中间主义...............129
　　（二）从老布什妥协到金·里奇革命.....................133

第六章 "特朗普革命"与共和党的激进右倾...........139
　一、美国选举生态的繁荣与混乱.................................139
　二、选举楔子议题的尘封与唤醒.................................141
　　（一）本土主义还是多元主义？...........................141
　　（二）全球化还是反全球化？...............................144
　三、政党选民联盟的叛变与回归.................................148
　　（一）白人选民打破选战平衡...............................148
　　（二）中心—外围轮廓逐步呈现...........................153
　四、政党政治格局的弥合与分裂.................................155
　　（一）进步派誓言改变民主党...............................156

（二）特朗普主义重塑共和党 161

第七章　总结与展望：下一场关键性选举何时到来？ 168
　一、第七政党体系以来的回顾与反思 168
　二、移民激增与民主党的量能优势 172
　三、选区划分与共和党的地理优势 179
　四、党争博弈与两党的政治使命 189

参考文献 199

附　录 217

致　谢 218

前　言

世界政治步入2016年，全球范围内本土主义、民粹主义、保护主义剧烈回潮，反移民、反建制、反全球化氛围凸显。是年6月，英国全民公投决定脱欧，正式掀起了21世纪世界政治的激烈动荡；几乎同一时间，特朗普在大西洋彼岸接受共和党总统候选人提名，在演讲中向着惶恐与错愕下的美国选民呐喊，"没有人比我更了解这个制度，这也是为什么只有我才能够拯救它"。①

4个月后，特朗普在一场被普遍视为极为"关键"的选举中掀起了民粹主义革命，一举击败了建制派候选人希拉里；此后4年，特朗普以一己之力将美国社会深入骨髓的种族问题、将草根与精英阶层的尖锐对立、将暗涌于制造业背后的全球化逆流充分暴露出来，赤裸裸地叩问本土白人选民的身份认同，深度动员两党潜藏于各个角落的选民基本盘，成功激发了其拥戴者与憎恶者以总统为分水岭进行选民联盟重组，一举拉动了整个社会选举生态的空前繁荣。4年过后，美国在一场看似同样"关键"的选举中结束了"特朗普乱政"，历经了国会暴乱与二次弹劾，拜登在举国上下极度分裂的混乱状况下勉力将美国带回建制派所熟

---

① Joe Peyronnin, "Trump: 'I Alone Can Fix It'," Huff Post, July 22, 2016, accessed December 22, 2019, https://www.huffpost.com/entry/trump-i-alone-can-fix-it_b_11128366.

识的旧时代。然而，悲愤难平的特朗普选民犹在，为"特朗普主义"所裹挟的共和党右翼犹在，被特朗普戳破的美国社会伤痕犹在，通过两场显著呈现非典型性的总统选举，美国的选举政治生态在第七政党体系出现了由中期转折期向体系衰败期裂变的显著征兆。

毋庸置疑，因由特朗普的出现，其治下的4年之于美国选举政治史至为"关键"，然而这并不必然意味着2016年或者2020年总统竞选就是一场政治学理论意义上的"关键性选举"。按照美国政治制度有关研究，美国的社会革命有其独特性，这种革命既不是单独的历史事件，也不是宽泛意义上的社会革命，而是美国历史中独特的、反复出现的一类现象。这种革命并不包含阶级革命引发的社会经济变革，但允许其主要的制度成分进行周期性重构，关键性选举就是这一周期性重构的直接结果。[1] 作为"美国政治变革的代言人"，[2] 关键性选举"从根本上改变了国家政治和公共政策进程"，[3] "不仅统治了学界，而且渗入政治生活的方方面面，政客竞选和政策制定都要以之为准绳"，[4] "其周期性和体系性的划分已经成为选举政治研究无法绕过的框架"。[5] 关键性选举的研究视域聚焦于美国选举政治的中长期变化和结构性因素，

---

[1] 塞缪尔·亨廷顿：《美国政治：激荡于理想与现实之间》，先荫奇、景伟明译，新华出版社，2017，第148、204页。

[2] Walter D. Burnham, "Revitalization and Decay: Looking toward the Third Century of American Electoral Politics," *The Journal of Politics* 38, no. 3 (1976): 149.

[3] Theda Skocpol and John L. Campbell, *American Society and Politics: Institutional, Historical, and Theoretical Perspectives* (New York: McGraw-Hill, Inc., 1995), p. 135.

[4] David R. Mayhew, *Electoral Realignments: A Critique of an American Genre* (New Haven: Yale University Press, 2002), p. 1.

[5] Jerome M. Clubb, William H. Flanigan and Nancy H. Zingale, *Partisan Realignment: Voters, Parties, and Government in American History* (Beverly Hills: Sage Publications, 1980), p. 19.

其结果既是美国社会、政治思潮、政党主张与选民投票行为互动变化的突出反映，反过来又深刻影响美国的选举政治进程、政策制定过程，是分析当下内政外交政策和未来政党政治走向的一个重要窗口。作为一门专业的选举政治理论，关键性选举有其独特的概念体系和明确的判断标准，这类选举往往发生在国家命途转折的关键历史节点，往往伴有结构环境的巨大变化、社会矛盾的紧张凸显、阶层利益的严重分化、文化价值的根本冲突等诸多表征。在政党与选民基于选举的深刻互动中，新的选民联盟渐次形成、新的政党纲领不断革新、新的楔子议题①逐步显现，从而给选民的投票偏好、政党的路向选择和执政者的政策理念带来深远影响。

　　自1776年建国以来，美国历史上一共举行了59次总统选举。19世纪记述了汉密尔顿主义与杰斐逊主义的国家路向之争、北方军与南方军的联邦霸权之争；20世纪前半叶民主党人缔造了从罗斯福"新政"到约翰逊"伟大社会"的自由主义工程，后半叶共和党人掀起了从尼克松"南方战略"到金·里奇"与美国缔约"的保守主义运动；21世纪的第二个十年，我们在短短4年内先后见证了"特朗普革命"与"特朗普乱政"。在关键性选举理论看来，并非每一场总统选举都具有同等的重要性，并非每一位总统都具有足够的执政合法性与历史影响力。按照该理论奠基人之一沃尔特·波哈姆的划分，综合考量选民联盟、选举结果及选举影

---

① 楔子议题（wedge issue）一般用来指代在一定时期内主导政府决策、国会辩论、选民偏好的具有社会焦点性质的议题，这些议题因其争议性可以如楔子一般将两党的选民盘面分隔开，通常也被称为分化性议题（dividing issue）或主导性议题（dominating issue）。参见James L. Sundquist, *Dynamics of the Party System: Alignment and Realignment of Political Parties in the United States* (Washington D.C.: Brookings Institution, 1973).

响，美国总统选举一般可以被划分为三种类型：维持现状的选举、脱离常规的选举、关键性选举。①事实上，截至目前，美国选举政治学界给予关注的关键性选举掐指算来尚不超过7次，得到主流学界普遍认可的更是只有1860年、1896年、1932年这3次总统选举。尽管关键性选举发生的概率极低，但一经出现，美国社会往往会迎来一个30年左右的稳定周期，强势政党可能面临连续执政机遇，大大增强美国内外部政策的连续性和稳定度，围绕选民关心的楔子议题推进系统性改革。罗斯福新政、平权运动、里根保守主义、克林顿经济奇迹之所以能够出现，根本原因都在于强势政党迎来了稳定的政党体系周期。关键性选举带来完好的政治周期率和体系稳定度，可以在长周期下决定美国的选举政治走向，在某种程度上，甚至直接主导美国的国家命途。

本书的选题创作，在灵感上源生于对2016年和2020年两场美国总统选举的深刻反思，特朗普之所以能够在过往的5年间引发巨大的吸睛效应，不是因为其非传统性的总统候选人特质，而是因为触发了新一轮关键性选举的循环周期。通过借用关键性选举理论作为研究工具，本书核心观点认为，特朗普在2016年的横空出世既是美国政党体系裂变更迭的必然规律，也是两党长期回避不公正的全球化问题所引致的必然结果，两大政党与选民的互动关系因之触发了新一轮的结构性重构。与历史上出现的其他关键性选举相比，2016年和2020年的总统选举深刻影响了两党的政党路向，但出现的叛变州数量较少，选民议题取向呈现出较强的稳定性，尚未引致决定性的政党选民联盟重组，本质上是两场争议极大、影响极深但并未背离常规意涵的选举。然而，特朗普革

---

① William N. Chambers and Walter D. Burnham (eds.), *The American Party Systems: Stages of Political Development* (New York: Oxford University Press, 1975), p. 277.

命性地触碰到了第七政党体系的核心矛盾，通过两次竞选与4年执政反复引导、重塑选民偏好，推动两党的核心选区和政党纲领发生深度调整，极大促进了民主党的分裂和左倾，以"特朗普主义"重塑了共和党的基础党铭。回头再看，特朗普的确"非常了解这个制度"，并在短短4年内为美国的选举政治生态永久性地打下了特朗普本人的时代烙印、开始解除第七政党体系裂变更迭的历史封印。

以2016年和2020年总统选举为引，本书研究的时空范畴进一步向前追溯至第四政党体系建立之初的1896年。在选举政治学界，这乃是被视为奠定20世纪选举范式和论辩思潮总体基调的一次关键性选举。[①] 第四政党体系诞生于一个旧世纪的尾端，但如神谕般引领了一个新世纪的政治议程。共和党人掀起了美国现代化和工业化的序幕，建立了一个依附于大城市、大企业、大资本家，由工商业者、知识分子、技术工人和有产农民组成的保守派联盟；民主党人同样不甘示弱，"布赖恩革命"宣告了自由主义与保守主义的经久对抗注定要贯穿整个20世纪，从威尔逊、肯尼迪到史蒂文森、麦戈文，民主党人将自觉担负历史使命，源源不断地为美国社会注入自由活力与政治激情。通过系统梳理20世纪以来美国选举政治史上出现的几次关键性选举，我们将对比分析其中存在的共性与个性因素、结构性与偶发性机理、即期性与深远性影响，试图更为深入地把握关键性选举的驱动因素与发生机制，更为准确地理解当下美国选举政治的复杂生态与历史意涵。

[①] Walter D. Burnham, "The System of 1896: An Analysis," in Walter D. Burnham, Ronald P. Formisand, Samuel P. Hays, Richard Jensen, Paul Kleppner and Willam G. Shade (eds.), *The Evolution of American Electoral Systems* (Westport CT.: Greenwood, 1981), pp. 147-202.

威尔·杜兰特曾言："所谓政治，就是少数人之间为控制多数人而进行的斗争。"每每在美国选举政治的关键节点，少数人总能抓住历史赐予的难得机运，实现对多数人的决定性掌控。这种掌控一经到来，往往如此稳定、如此漫长，以至于对于这些关键节点本身而言，又何尝不是少数年份掌控了多数年份，少数选举掌控了多数选举，关键性选举的研究意义就在于此。2016年，共和党与民主党同步遭遇了党内激进民粹派系对主流中间派系的挑战与惩罚，同步出现了一次少数派对多数派的身份逆袭，进步派的崛起直接促成了民主党的深度分裂，特朗普党团的出现更是从根本上改变了共和党的政党路向。上一次美国选举政治出现类似场景还要回溯至20世纪60年代的巴里·戈德华特与乔治·麦戈文，再往前大抵要去重温19世纪末期的"布赖恩革命"。区别在于，无论是布赖恩、戈德华特还是麦戈文，全部是美国选举政治实践中的失利者，他们没有能够获得权力，却深刻而经久地改变了他们离场后的时代。然而特朗普获得了胜利，如果1896年、1968年总统竞选可以堂而皇之地被视为关键性选举，2016年无疑发生了更为重大的历史事件，无疑将更为深远地改变整部美国选举政治的历史。唐纳德·特朗普会否成为21世纪的威廉·布赖恩，特朗普的共和党是否就是当年带领农民闹革命的布赖恩的人民党，为了解答这个纵贯一个世纪有余的历史疑问，我们有必要从第四政党体系开始，深入探析关键性选举的理论与现实。

第一章 关键性选举的理论与现实

一、关键性选举理论的诞生与发展

在西方选举政治理论中，选民投票行为研究一般可分为三个主要路径：社会心理学路径、社会学路径和理性选择路径。[①] 关键性选举概念源生于社会心理学路径下的政党认同理论。在该理论看来，在影响个人政治态度发展的所有因素中，政党认同是最为重要的一个因素，投票决定是通过政党认同这个工具来过滤个人对政治世界的看法，并最终在选民心理层面建立起对某一政党的归属感与忠诚感。[②] 对许多选民而言，并不是在投票的那一刻才做出决定，投票不过是在重新确认自己长期以来业已形成的政

[①] 有关文献参见：Robert Huckfeldt, John Sprague and Jeffrey Levine, "The Dynamics of Collective Deliberation in the 1996 Election: Campaign Effects on Accessibility, Certainty, and Accuracy," *American Political Science Review* 94, no. 3 (2000): 641-651; George Rabinowitz and Stuart Macdonald, "A Directional Theory of Issue Voting," *American Political Science Review* 83, no. 1 (1989): 93-121. 转引自柴宝勇：《政党认同研究在西方——综述与评价》，《浙江工商大学学报》2007年第5期，第47—53页。

[②] Angus Campbell, Philip E. Converse, Warren E. Miller and Donald E. Stokes, *The American Voter* (New York: John Willey & Sons, Inc., 1960), p. 121.

党认同。[①] 20世纪50年代，以奥古斯·坎贝尔为首的密歇根学派开创了这一研究路径，并在密歇根大学成立了全国选举研究中心，自1952年起监测美国选民的政党认同及联盟分布情况。1960年，中心出版《美国选民》一书，将政党认同界定为一种人们成长的社会化过程中逐渐形成的心理倾向，认为政党认同与家庭环境、教育环境及生活环境有着极大关联，选民对政党的态度及其社会关系是环境对个人投票行为施加影响的基础，从而用群体特征而非个人态度来解释选民的投票偏好，用社会过程而非竞选过程来解释这种投票偏好的形成。为了形象地阐述这一理论，该书提出著名的"因果漏斗模型"，按距离投票时间的远近，列述了社会人口学、政党认同、议题态度和候选人偏好四项选民投票影响因子。总体来看，密歇根学派对于政党认同的理解是结构性的、静态性的，认为"政党认同具有长期性和稳定性，它从生命的早期开始一直持续到晚年"。[②] 尽管"因果漏斗模型"没有完全否定政党认同的变化可能，并在近周期预留了议题态度和候选人偏好两个理论豁口，但总体上对于政党认同转移存在一种本能的拒斥，认为这种转移仅在极其激烈的竞选中才会偶然出现。

面对战后美国总统选举投票率上下跳跃、独立选民和背叛选民日益增多的客观现实，单维、静态的政党认同理论逐渐失去了解释力，学界的研究重心开始转向多维、动态的政党认同转变原因分析。作为关键性选举理论的奠基人之一，弗拉基米尔·奥兰多·基（以下简称"基"）通过对美国大选历史数据的梳理，发

[①] V. O. Key, Jr., *Politics, Parties and Pressure Groups* (New York: Growell Co., 1952), Chapter 20.

[②] Angus Campbell, Philip E. Converse, Warren E. Miller and Donald E. Stokes, *The American Voter*, p. 132.

现政党认同绝非一成不变。在1952年发表的《民主党的未来》一文中，基提到其中的某几次选举明显有所不同——"选民参与的程度很深、强度很大，不同选民群体之间的力量分配出现了深刻调整，新的可持续的选举团体初步形成"。① 在基看来，尽管选民的政党忠诚是先验的、长期的、稳定的，但政党认同会受到时代性、情势性、突发性议题影响而发生变化，选民联盟缓慢而持续的变化会在一定阶段内导致政党力量平衡发生单方向转移。② 1955年，基发表奠基性的《关键性选举理论》一文，深入分析了新英格兰地区过去50多年的投票结果，以1896年大选和1932年大选为案例，首次明确提出关键性选举的基本概念——"疾速瓦解既有选举格局，同步生成具有可持续性的新的选举格局"。在基看来，1932年大选之所以是一次关键性选举，乃是因为它第一次确立了民主党作为一个"低收入、天主教徒和充斥着新移民团体的城市选民"的政党，在此以前，城市天主教徒和乡村清教徒之间的选举行为并没有明确的区别。而1896年大选之所以是一次关键性选举，不是因为它改变了两党的选民结构，而是因为它对两党的实力平衡具有决定性的影响。③ 4年后，基发表《持续性重组与政党体系》一文，正式提出政党重组这一概念，用来指代选民联盟阶段性的稳定变化所导致的两党机遇的逐步转移。在基看来，政党重组并不是通过一次关键性选举直接确定下

---

① V. O. Key, Jr., "The Future of the Democratic Party," *The Virginia Quarterly Review*, Vol. 28 (Spring 1952), pp. 161-175.

② V. O. Key, Jr., *Politics, Parties and Pressure Groups*, Chapter 20.

③ V. O. Key, Jr., "A Theory of Critical Elections," *The Journal of Politics* 17, no. 1 (1955): 4.

来的，而是要通过一连串的选举胜利反复巩固。① 另一位关键性选举理论的奠基人詹姆斯·桑奎斯特将这一政党平衡力量缓慢转移的阶段定义为"政党重组期"。② 由此，基率先确立了关键性选举的概念体系，"关键性选举"和"持久的政党选民重组"这两个概念解释了选民改变政党认同的两种机理：前者强调新议题的出现使选民的政党忠诚和投票行为发生急剧而突然的变化；后者强调选民联盟缓慢而持续的阶段性变化对政党平衡的转移作用。③

基为关键性选举理论搭建了一个框架性的研究纲领，成功地将过去由历史学家、政治学家、专栏记者和时评分析员所做的工作集中到一个更为明确而专门的领域。④ 由于离世较早，基没有能够就这一概念的理论内涵进行进一步挖掘，留下了许多遗憾。首先，就选举的基本形式而言，基只是简单做出了"关键性选举"和"非关键性选举"的二元划分，真正对选举类别进行细分的是奥古斯·坎贝尔。1966年，奥古斯·坎贝尔在《总统选举的分类》一文中发展了他在《美国选民》一书最后一章的思想，深化了"政党选民重组"的概念内涵，提出了"维持性选举""偏离性选举"和"恢复性选举"等分支概念。其中，"维持性选举"的选举结果保持了两党斗争的原有格局与选民认同。"偏离性选举"的选举结果未能客观反映两党的力量对比，部分选民的投票偏好发生

---

① V. O. Key, Jr., "Secular Realignment and the Party System," *The Journal of Politics* 21, no. 2 (1959): 198.

② James L. Sundquist, *Dynamics of the Party System: Alignment and Realignment of Political Parties in the United States* (Washington D.C.: Brookings Institution, 1973).

③ 张业亮：《关键性选举与美国选举政治的变化》，《美国研究》2004年第3期，第13页。

④ Jerome M. Clubb, William H. Flanigan and Nancy H. Zingale, *Partisan Realignment: Voters, Parties, and Government in American History* (Beverly Hills: Sage Publications, 1980), p. 19.

变化并导致了意外结局,但这种变化往往是短期的、暂时性的,往往受到候选人某项极具吸引力的政策主张或强烈的个人特质影响,选民内心的政党忠诚并未因之改变。在下一次选举中,这部分叛变选民很可能重新回到自己原先所支持的党派,这样便构成了"恢复性选举";而如果接连很多次竞选,选民仍然没有回归原本的政党忠诚,则构成了促成政党重组的"关键性选举"。① 在此基础上,杰拉德·庞伯在一篇同样名为《总统选举的分类》的文章中补充了另外一种情形,即当执政党力量足够强大时,往往能够在保住执政地位的同时承受选民基本盘发生重组调整,庞伯称为"转换性选举",② 佩得西克将之定义为"非关键性政党重组"。③ 总体来看,基只是从竞选的激烈程度上来判断选举的关键与否,而后续出现的分支概念则更加深入、细致地对选举性质做出了界定。

其次,基没有对关键性选举的原生动力提供理论解释,这项工作主要由该理论的另一位奠基人沃尔特·波哈姆完成。1970年,波哈姆在《关键性选举和美国政治的动力》一书中提出,关键性选举发生的原生动因是周期性累积的政治压力,伴随时间的推移,选民的政党忠诚与社会及经济现实之间的关系日益紧张,单个因素与政党体制层次因素的相互作用,使得选举结果产生周期性、持续性、大规模的变化。波哈姆对于这一过程做了细致描

---

① Angus Campbell, "A Classification of Presidential Elections," in Angus Campbell, Philip E. Converse, Warren E. Miller and Donald E. Stokes (eds.), *Elections and the Political Order* (New York: John Wiley & Sons, Inc., 1966), pp. 63-77.

② Gerald Pomper, "Classification of Presidential Elections," *The Journal of Politics* 29, no. 3 (1967): 535-566.

③ John R. Petrocik, *Party Coalitions: Realignments and the Decline of the New Deal Party System* (Chicago: University of Chicago Press, 1981).

述——在前一轮政党重组结束后,国家的政治经济体系会不断面对新的楔子议题的挑战,直至升级至一个难以抑制的"沸点",最终在一次标志性事件的刺激下完成新一轮的政党重组——"懒惰的政治惯性与注定的政治变革始终是动态、辩证的两极"。① 波哈姆明确提出关键性选举发生的四个步骤:第一步,国家的政治经济体系运行出现问题,引发新的楔子议题,两党忙于应对内部斗争,对潜在矛盾选择了无视;第二步,第三股力量爆发并冲击失效的两党政治,围绕新议题的分野效应,两党政治极化开始显著增强;第三步,两党开始正视问题并调整各自纲领;第四步,两党内部出现分裂迭代,建制派开始式微并由新生的党内力量取代。波哈姆将关键性选举视为两党政治无视选民需求、滞后于社会矛盾变化的直接结果,将政党体系周期划分为体系平稳期、中期转折期、体系衰败期三个阶段。桑奎斯特认同波哈姆的这一划分:在体系平稳期,执政党逐步引导选民忘却旧时代的楔子议题;在中期转折期,执政党受到选民惩罚并失去多数党地位;在体系衰败期,两党责任意识显著增强,开始直面当前体系的楔子议题,其结果往往引致下一轮的政党选民联盟重组。②

20世纪90年代以来,密歇根学派对于关键性选举理论的研究不断深化细化,当年参与了《美国选民》创作的米勒与尚克斯合作,推出《新美国选民》一书,将个人政治忠诚度研究变量进一步细化为社会经济特征、长期党派认同、政策相关倾向、当前政策偏好、当前状况看法、总统执政评价、候选人品质评价、两

---

① Walter D. Burnham, *Critical Elections and the Mainsprings of American Politics* (New York: W.W. Norton & Co., 1970), p. 27.

② James L. Sundquist, *Dynamics of the Party System: Alignment and Realignment of Political Parties in the United States*, pp. 93, 144.

大政党及候选人前瞻性评估等九个方面，试图更为准确地描述潜在变量与个人政治忠诚度之间的联系。① 这一时期，美国选举政治研究界出现了大量关于总统选举方面的系统性、集成性的编年作品，比如《总统竞选：一种传播视角》（Presidential Campaign: A Communication Perspective）、《选举的变迁和连续》（Change and Continuity in the Elections）、《美国选票：现代美国选举统计手册》（America Votes: A Handbook of Contemporary American Election Statistics）、《美国民调：总统选举统计手册》（America at the Polls: A Handbook of Presidential Election Statistics）等。此外，伴随着计算机、媒体网络和民调统计等各方面工具的不断革新，美国选举政治研究开始更加注重于技术层面分析，密歇根大学全国大选数据库（American National Election Studies, ANES）、纽约大学法学院布伦南研究中心（Brennan Center）、弗吉尼亚大学政治研究中心"拉里·萨巴托水晶球"（Sabato Crystal Ball）、选举分析机构538（Five Thirty Eight）、政治百科全书网站（Ballotpedia）等机构对美国大选进行了持续性的跟踪分析，建立了较为系统的资料库，撰写了较多出色的独立分析报告，其中不乏对于关键性选举深入透视分析的很多作品。

关键性选举理论在20世纪40年代初引发美国学者关注，在五六十年代形成较为系统的理论框架，引发了学术界巨大的兴趣和争论，很多学者将其奉为"美国最有影响力的政治学理论之一"。② 然而，正值该理论如日中天之际，怀疑和批评的声音也逐

---

① Warren E. Miller and J. Merrill Shanks, *The New American Voter* (Harvard: Harvard University Press, 1996).

② William G. Mayer, "Changes in Elections and the Party System: 1992 in Historical Perspective," in Bryan D. Jones (ed.), *The New American Politics* (Boulder: West View Press, 1995), p. 20.

渐出现，其中最为著名的是政党选民联盟解体理论。1972年，罗纳德·因格哈特和艾弗拉姆·哈斯坦恩提出这一概念，他们发现与政党选民联盟重组同步存在的更为明显的变化在于，越来越多的选民在放弃原有的政党忠诚后没有立即投靠另一个政党，而是成为独立的中间选民或不投票选民，由于选民政党认同的减少和投票积极性的降低，未来很可能不会再出现固定的政党联盟。①杰夫·菲舍尔、马丁·华登伯格、拜伦·谢弗、大卫·梅休等学者先后提出多项影响选民联盟忠诚度的依据，包括大众传媒扩张稀释了公民对于政治信息的兴趣和对于党媒的依附；"婴儿潮"一代对于政党的认同不像父辈那么强烈，在选举上更倾向于做出独立的判断；20世纪60年代末和70年代的选举制度改革、总统提名程序变化削弱了政党的传统影响力，对固定的选民联盟也起到了促退作用；"水门事件"及其引发的对于政府的不信任严重降低了选举政治投票热情等。在该理论的代表性学者大卫·梅休看来，政党选民联盟重组理论在选举政治界的统治地位被严重高估了，其理论范式太过经验主义、太过两分法、太依靠主观想象，结论又往往太过死板。②在拜伦·谢弗看来，关键性选举理论总是喜欢扮演神秘主义，仿佛在20世纪六七十年代注定要发生些什么事情，这种感觉简直像是在"等待戈多"。③肖恩·淳德也认为，"政党选民联盟重组理论无法经受时间考验，寻找关键性选举就

---

① Ronald Inglehart and Avram Hochstein, "Alignment and Dealignment of the Electorate in France and the United States," *Physica C: Superconductivity* 5, iss.3 (1972): 343-372.

② David R. Mayhew, *Electoral Realignments: A Critique of an American Genre* (New Haven: Yale University Press, 2002), p. 165.

③ Byron E. Shafer (ed.), *The End of Realignment?: Interpreting American Electoral Era* (Madison: University of Wisconsin Press, 1991).

像在烤奶酪三明治中寻找耶稣的雕像一样,如果你始终在努力凝视,你会发现自己永远在寻觅途中"。① 政党选民联盟解体理论断言,由于现代社会群体利益的变动性和选民流动加快,选民联盟解体和政党忠诚削弱将使得稳定的政党体系不复存在,选举不再以政党为中心,而变成了以候选人或某个议题为中心,政党选民联盟重组不会再发生。对于政党选民联盟解体理论的这类批评,关键性选举理论学者进行了一些有力的回应,比如波哈姆强调政党选民联盟重组不必然仅仅指代党派重组,还可以包括更为广泛的政治图景的结构性再结盟。② 比如迈耶认为,那些强调用政党选民联盟解体理论来代替重组理论的学者,只是为理论换了一件新衣,本质上并没有带来什么新内容。总体来看,理论界对于关键性选举的存在与否争执不已,彼此都能够在美国选举政治生态的嬗变中找寻到对己方有利的证据,对于特定选举性质的界定和理解也多有不同,关键性选举理论的适用性还需要在具体的理论实践中进行检验。

二、关键性选举实践的界定与争议

迄今为止,美国建国以来一共完成了59次总统选举,事后回看,并非每一次选举都那么重要,并非每位总统都具有足够的

---

① Sean Trende, *The Lost Majority: Why the Future of Government Is up for Grabs and Who Will Take It* (New York: St. Martin's Press, 2012), p. xx.

② Walter D. Burnham, "Realignment Lives: The 1994 Earthquake and Its Implications," in Colin Campbell and Bert A. Rockman (eds.), *The Clinton Presidency: First Appraisals* (Chatham.: Chatham House, 1996), p. 371; Walter D. Burnham, "Pattern Recognition and 'Doing' Political History: Art, Science, of Bootless Enterprise," in Lawrence C. Dodd and Calvin Jillson (eds.), *The Dynamics of American Politics: Approaches and Interpretation* (Boulder: Westview Press, 1994), pp. 72, 74, 79.

执政合法性与历史影响力，都能够深刻地改变美国国运和政党党运。事实上，按照奥古斯·坎贝尔对于选举类别的划分，绝大部分总统选举属于维持性选举、偏离性选举和恢复性选举，美国选举政治学界给予关注的关键性选举不超过7次，真正得到主流学界普遍认可的更是只有1860年、1896年、1932年选举。在关键性选举的划分和界定这一问题上，重要的理论奠基人之一仍然是沃尔特·波哈姆。除了选举的动力理论，关于选举周期和政党体系的划分是波哈姆另外一项极为重要的理论贡献。在美国的选举政治研究中，选举周期理论的历史要远远早于关键性选举理论，其中以施莱辛格父子的历史周期论最具代表性和影响力。老施莱辛格认为，美国选举政治历史大致以16年为一个周期，在保守主义与自由主义之间来回摆动；小施莱辛格对其父亲的理论进行了修正，提出每隔30年左右美国选举政治中分别代表公共目的与私人利益的党派之间会出现一次轮替。[①] 持类似观点的代表如亨廷顿，他提出美国社会在信仰狂热和信仰消极两极之间来回摆动，每60年会出现一次激情信条的密集涌现。[②] 麦克利兰则将外交与内政结合起来考察，认为美国公众对于权力和扩张的交替需求导致了改革和战争两种政策的循环反复。[③] 克林伯格则在另一项著名的研究中令人信服地证明，美国外交史存在内向政策和外向政策的更替循环。[④]

---

① Arthur M. Schlesinger, *New Viewpoints in American History* (New York: Macmillan Publishers, 1922); Arthur M. Schlesinger, Jr., *The Cycles of American History* (Boston: Houghton Mifflin Harcourt Publisher, 1986).

② 塞缪尔·亨廷顿:《美国政治：激荡于理想与现实之间》，第216页。

③ David McClelland, *Power: The Inner Experience* (New York: Irvington Press, 1975), pp. 330-359.

④ Frank L. Klingberg, "The Historical Alternation of Moods in American Foreign Policy," *World Politics* 4, iss. 2 (January 1952): 239-273.

选举周期理论的问题在于，它将注意力过度集中于总统竞选结果，对于竞选背后的选民需求、投票偏好缺乏深入分析，多是一种经验性的总结梳理。① 波哈姆的贡献在于将选举周期研究与关键性选举分析结合起来，提出"关键性选举不是随机出现的，而是存在一个显著统一的周期性"。② 1967年，波哈姆在其参与编著的《美国政党体系与政治发展阶段》一书中提出，美国的政党选民联盟重组每30—36年发生一次，一个政党体系基本就是一代人的时间，美国历史上已经在1828年、1860年、1894年、1932年前后完成了4次政党重组。③ 3年后，波哈姆在《关键性选举和美国政治的动力》一书中建立了回归模型，通过定量分析验证了政党选民联盟周期性重组的理论假定，④ 晚年针对该理论进行回顾时再次肯定了自己的判断。⑤ 对于周期长短，学界观点并不一致。保罗·贝克认同波哈姆的观点，认为政党选民联盟重组约每30年发生一次，关键性选举后便是漫长的常规政治时间。⑥ 赖克利则认为重组周期会长至50—60年，美国历史上仅有1800年、

---

① Jerome M. Clubb, William H. Flanigan and Nancy H. Zingale, *Partisan Realignment: Voters, Parties, and Government in American History* (Beverly Hills: Sage Publications, 1980), p. 25.

② Walter D. Burnham, *Critical Elections and the Mainsprings of American Politics*, p. 8.

③ Walter D. Burnham, "Party Systems and the Political Process," in William N. Chambers and Walter D. Burnham (eds.), *The American Party Systems: Stages of Political Development* (New York: Oxford University Press, 1975), pp. 289-304.

④ Walter D. Burnham, *Critical Elections and the Mainsprings of American Politics*.

⑤ Walter D. Burnham, "Critical Realignment: Dead or Alive?" in Byron E. Shafer (ed.), *The End of Realignment?: Interpreting American Electoral Era*, p. 101.

⑥ Paul A. Beck, "A Socialization Theory of Partisan Realignment," in Richard G. Niemi et al. (eds.), *The Politics of Future Citizens* (San Francisco: Jossey-Bass Publishers, 1974), p. 207.

1860年和1932年大选能够真正算作是关键性选举。① 总体来看，尽管周期划分标准多有不同，但在对美国选举政治关键节点的理解上，学界普遍认同几大政党体系的划分。②

第一政党体系，以杰斐逊分立民主共和党并战胜联邦党为标志，美国两党体制正式确立，国家权力开始从北部的新英格兰地区向南部转移，这一体系的基本特征是联邦党与民主共和党、汉密尔顿主义与杰斐逊主义的经久对抗，楔子议题是美国国家身份的确立以及个人、州与国家之间的权力界定。第二政党体系，以亚当斯派和杰克逊派的根本对立为标志，当代民主党和共和党分别完成历史性组建，在全新的选举动员模式下，种植园经济和城市选民遭到杰克逊主义的全面阻击，这一体系的楔子议题是民主政治的代表性和参与权。第三政党体系，以林肯结束内战、一统南北为标志，共和党借助北方资本优势上升为全国性大党，民主党偏居南隅不断巩固深化地方势力，民主、共和两党南北对峙的当代分野格局正式确立，这一体系的楔子议题是奴隶制、内战和美国的工业崛起。第四政党体系，以麦金莱战胜布赖恩、工业选民战胜农业选民、金本位制战胜金银双本位制为标志，美国工业化崛起成果的分配不公引发了工农业阶层的直接对抗，两党首次明确建立了各自的选民联盟，这一体系的楔子议题是"大恐慌"之后的国家路向选择问题。第五政党体系，以罗斯福历史性地开

---

① James A. Reichley, *The Life of the Parties: A History of American Political Parties* (Washington D. C. : Rowman & Littlefield Publishers, 2000), pp. 8-12.

② 参考 Bruce Miroff, Raymond Sidelman and Todd Swanstrom, *The Democratic Debate: An Introduction to American Politics* (New York: Houghton Mifflin Company, 2002), p. 192; Marjorie R. Hershey, *Party Politics in America* (New York: Longman, 2006), pp. 119-123; 施密特、谢利、巴迪斯：《美国政府与政治》，梅然译，北京大学出版社，2005，第180—184页。

启四次总统任期、颁布新政为标志，民主党成功打造了一个由南方白人、工会成员、少数族裔、低收入者、天主教徒组成的"世纪基本盘"，这一体系的楔子议题有两项，一是如何应对"大萧条"引发的经济动荡和分配不公，二是美国如何走向战争并确立战后的霸权国地位。

罗斯福新政以来，美国政治学界对是否存在新一轮的政党选民联盟重组始终存有广泛争议，对尼克松"南方战略"、里根保守主义、克林顿"中间路线"能否被定义为关键性选举的标志性政绩各执一词。比如，比安科和坎农就认为，美国在1968年的尼克松政府时期已经进入第六政党体系，共和党的右倾革命导致两党界线更加分明，南方联盟出现决定性变化，社会楔子议题全面转向文化战争，公民权利、种族问题、性别问题等开始主导美国政党政治的发展。小施莱辛格的选举周期理论也支持这一判定，[①]只是将关键性选举的年份向前追溯了8年，认为1960年肯尼迪的胜选已经标志着一个新周期的开始，这个周期以联邦政府积极干预社会生活为主题，具体表现为支持平权运动和倡导"伟大社会"。小施莱辛格接着判断，在20世纪60年代的自由主义高潮过后，美国在80年代紧接着迎来了一个保守主义高潮，以1980年里根胜选作为下一个关键性选举的标志性节点。他同时预测，90年代美国将迎来一个全新的自由主义高潮，2010年左右将会出现下一个保守主义周期。回头再看，90年代的克林顿自由主义和2010年以来启动的茶党革命某种程度上印证了小施莱辛格的判断。从选举结果及其产生的影响上看，1964年戈德华特持极端保守理念深入民主党南方腹地抢走5个州，1968年尼克松借

---

① Arthur M. Schlesinger Jr., *The Cycles of American History*.

助种族和宗教议题继续强化这一"南方战略"并成功翻盘，1980年、1984年里根的两次竞选均以拿下几乎所有州的恐怖优势获得胜利，共和党在克林顿之前的6次竞选中赢了5次。此后，两党党运出现根本性转折，克林顿在1992年重新夯实罗斯福的新政联盟，将太平洋沿岸、大湖区、新英格兰地区转变为民主党新的大本营，代表新民主党人成功开辟"第三条道路"，个人影响力直接蔓延至2016年妻子希拉里的竞选和2020年新民主党创始人之一拜登的竞选。在长达半个世纪的时间里，由于共和党和民主党先后进行了深刻的反思和改革，两党的选民分野进一步清晰、政治极化进一步增强，反文化运动和全球化运动先后成为两个时代的楔子议题，理应各存在一次改变两党命途的关键性选举。

然而反对观点认为，在所谓的第六政党体系里，民主党自始至终并没有失去对政府的有效控制，在国会参众两院的多数党地位几乎一直保持到了1994年，共和党在联邦、州议会、州政府选举中没有任何优势。同样，在所谓的第七政党体系里，共和党在1994年和2010年、2012年两次造成民主党严重蹩足，希拉里两次竞选失败均表明克林顿主义并未建立统治性的体系优势。直至今天，反对方始终坚信，真正决定20世纪美国选举政治走向的只有罗斯福新政，民主党人迄今仍在不断消耗新政基本盘的政治红利，共和党人也自始至终仍在与罗斯福自由主义进行经久对抗。

尽管学界对于第六、第七政党体系的存在与否尚未达成一致，然而伴随特朗普在2016年当选美国总统，因为这场选举在关键历史节点所体现出的戏剧性和复杂性，也由于特朗普执政后给美国内外国家战略、政策理念、政治生态带来的巨大变化和深远影响，关于特朗普是否启动了美国新一轮政党选民联盟重组引发了选举政治学界的巨大争议。《经济学人》杂志早在当年的共和党全国代表大会后就曾率先判断，共和党正在从一个代表大企业利益的政党转变为一个代表蓝领工人的政党，这将引发美国历史上的第八轮政党重组。① "新美国研究中心"选举政治专家李·杜特曼的选前专栏曾得到广泛引用，认为共和党会分裂为民族民粹主义与商业建制主义两翼，前者会最终获胜；民主党会分裂为精英保守主义与进步自由主义两翼，前者会最终获胜。② 特朗普胜选后首次参加保守派行动会议时，80%的与会保守派人士都认为其正在深刻地改变美国的保守主义运动，必将带来新的政党重组。③ 这其中，2016年总统选举过后，关于特朗普与美国政党选民联盟重组最为重要的两本著作，其一是埃默里大学选举政治专家艾伦·阿布拉莫威茨教授所著《大联盟：竞争、政党重组与特朗普的崛起》，该书认为两党长时间的极化和内耗已经在种族、文化和意识形态层面累积了足够的不稳定因素，特朗普的执政将成为决定性的催化剂，推动美国实现新的政党选民联盟重组，这种效应会在特朗普离任后变得更加显著。④ 其二是共和党大战略家布拉德·托德与他人合著的《大起义：民粹主义联盟重塑美国

---

① "Defining Realignment," *Economist*, July 28, 2016, accessed October 23, 2019, https://www.economist.com/united-states/2016/07/28/defining-realignment.

② Lee Drutman, "Donald Trump's Candidacy Is Going to Realign the Political Parties," March 1, 2016, accessed October 23, 2019, https://www.vox.com/polyarchy/2016/3/1/11139054/trump-party-realignment; Michael Lind, "The Coming Realignment: Cities, Class, and Ideology after Social Conservatism," *The Breakthrough*, April 28, 2014, accessed October 23, 2019, https://thebreakthrough.org/index.php/journal/past-issues/issue-4/the-coming-realignment.

③ Al Weaver, "CPAC Straw Poll: 80 Percent Say Trump Realigning the Conservative Movement," *Washington Examiner*, February 25, 2017, accessed October 23, 2019, https://www.washingtonexaminer.com/cpac-straw-poll-80-percent-say-trump-realigning-the-conservative-movement.

④ Alan I. Abramowitz, *The Great Alignment: Race, Party Transformation, and the Rise of Donald Trump*.

政治》，该书深入分析了2016年特朗普胜选的民粹主义根基，认为民粹主义与保守主义的融合已经成为共和党新的政党路向，这一路向将从根本上重塑美国选举政治的基础轴心。①

反对观点也始终存在，主要认为特朗普在2016年的选民分布与罗姆尼在2012年没有本质的不同，特朗普最终胜选只是更为出色地动员了共和党的选民基本盘。② 如果按照庞伯对选举分类的概念界定，这场选举只是一次"重新较对"而非重组，③ 最多也只能被算作一场"转换性选举"。2020年总统选举结束后，关于此次选举关键性的讨论显著减少。由于特朗普的失败，2020年选举看起来更像一场回归传统的总统选举，某种程度上，甚至连带否决了2016年总统选举的关键性。特朗普在4年前带来摇摆州集体"赤化"的"红色革命"并不持久，共和党的特朗普选区在选举过后大面积坍塌，甚至还丢掉了自己传统的阳光地带选区。种种迹象表明，如果按照奥古斯·坎贝尔对选举类别的划分，2016年很有可能只是发生了一场"偏离性选举"，而2020年选举仅仅是一场针对2016年的"恢复性选举"。

---

① Salena Zito and Brad Todd, *The Great Revolt: Inside the Populist Coalition Reshaping American Politics* (New York: Crown Forum, 2019).

② Larry Bartels, "2016 Was an Ordinary Election, Not a Realignment," *The Washington Post*, November 10, 2016, accessed December 21, 2019, https://www.washingtonpost.com/news/monkey-cage/wp/2016/11/10/2016-was-an-ordinary-election-not-a-realignment/+&cd=1&hl=zh-CN&ct=clnk&gl=us.

③ Julia Azari, "Trump May Bring a Republican Recalibration, Not a Realignment," Five Thirty Eight, September 7, 2016, accessed December 21, 2019, https://fivethirtyeight.com/features/trump-may-bring-a-republican-recalibration-not-a-realignment/. 阿扎里教授在2016年大选后认为，特朗普的成功竞选未能改变共和党主流选民的选区结构和政党信仰，其胜选的主要原因是共和党内的民粹派系在不满情绪和文化保守主义的带动下提升了存在感和影响力，对共和党形成了一次自我叩问式的"重新校对"；在新议题出现后，共和党选民会逐渐回到旧有政党选民联盟格局中，不会因特朗普个人因素形成"政党重组"。

最后，简要补充一下关键性选举理论在中国的研究现状。美国研究始终是中国国际关系学界研究的重心之一，围绕美国政党政治、选举制度有着很多研究著述，但针对总统选举特别是关键性选举的系统性研究相对较少。清华大学的张业亮教授2004年发表的《"关键性选举"与美国选举政治的变化》是国内第一篇系统梳理关键性选举理论的专业论文，该文按照美国有关关键性选举研究的既有理论框架，重点考察了20世纪60年代以来美国选举政治的变化情况，认为无论是民主党还是共和党都未能形成具有广泛基础和相对持久的政党联盟，政党选民联盟重组和政党选民联盟解体两种趋向并存将长期主导美国的选举政治走向。[1] 2010年、2014年，张业亮教授还曾围绕关键性选举理论，在《美国研究》杂志上对美国两届国会的中期选举进行点评分析。[2] 北京外国语大学的谢韬教授2012年在《从大选看美国的历史周期、政党重组和区域主义》一文中，从历史周期、政党重组和区域主义这三大角度考察关键性选举，与张业亮教授的观点相异，谢韬教授认为1968年和1992年总统选举应位居关键性选举之列，2012年的选举结果只是1992年选后形成的党派重组和区域关系的延续。该文同时对2016年之后的美国政党选民联盟重组进行了预测，认为共和党将重新占据主导地位，美国将在2016年或2020年前后迎来一个新的历史周期、一个新的政党时代。[3] 2014年共和党重回参议院多数党地位、2016年特朗普当选印证了谢韬

---

[1] 张业亮:《"关键性选举"与美国选举政治的变化》，第7—30页。
[2] 张业亮:《美国2012年大选与中美关系》，《美国研究》2012年第4期，第46—56页；张业亮:《2014年中期选举及其对美国政治的影响》，《美国研究》2015年第1期，第86—96页。
[3] 谢韬:《从大选看美国的历史周期、政党重组和区域主义》，《美国研究》2012年第4期，第30—46页。

教授的预判。中国国际问题研究院的付随鑫在《当代美国的南部政党重组与政治极化》一文中赞同谢韬教授的观点，通过两党国会议员投票偏好分值分析，认为20世纪60年代美国南部发生了一场对当代美国政治影响深远的政党重组，两党的选民基础和意识形态发生了显著变化，直接促成了共和党的右转和民主党的左转，特朗普的执政将延续并强化这一政治极化趋势。①

特朗普竞选成功以后，国内相关研究开始显著增多，中央党校的强舸副教授在《"奥巴马选民"VS"特朗普选民"：关键性选举与美国政党选民联盟重组》一文中提出，特朗普的当选从根本上重塑了1960年以来共和党的选民基础，民主党核心支持者铁锈地带蓝领改换门庭、社会议题的巨变、特朗普执政后公共政策的根本转向标志着美国迎来了一场久违的关键性选举。②复旦大学的潘亚玲研究员在《从熔炉到战场：美国政党重组中的族裔角色》一文中持同样观点，认为美国政党选民联盟重组源于短期经济困难和中长期人口结构变化，族裔移民已经成为推动美国人口结构变化的根本力量，在美国政党重组从"文化战争"向"边界战争"发展过程中发挥了催化作用，美国正在从族裔"熔炉"向族裔"战场"演变。③复旦大学的王浩在《"特朗普现象"与美国政治变迁的逻辑及趋势》一文中指出，共和党在2016年发起了"北方战略"，打造了"南部—中西部—铁锈地带"的政治联盟，美国的经济政策由新自由主义向古典自由主义靠近，社会政策由多元主

---

① 付随鑫:《当代美国的南部政党重组与政治极化》，《当代世界与社会主义》2018年第4期，第110—119页。

② 强舸:《"奥巴马选民"VS"特朗普选民"：关键性选举与美国政党选民联盟重组》，《复旦学报》（社会科学版）2018年第1期，第155—167页。

③ 潘亚玲:《从熔炉到战场：美国政党重组中的族裔角色》，《国际关系研究》2016年第6期，第16—33页。

义转向保守主义。① 在有关2016年总统选举是否引致政党选民联盟重组这一问题上，中国人民大学的刁大明副教授则认为目前判断的时机还远未成熟，"2016年大选显现出的暂时变动是否将被固定为一种长周期趋势，需要在2018年中期选举和2020年大选中加以验证。如果特朗普主导下调整的共和党得以继续维持甚至强化对蓝领中下层群体和中西部地区的控制，就有更多证据断定这次'政党重组'与'区域主义'变动的连贯性特质，进而指明美国政治'新周期'的方向。这也意味着，'特朗普联盟'所开启的只是一个旧周期的尾声或是一个新周期序曲的漫长前奏"。②

综合以上研究成果，最后我们对关键性选举的评判标尺进行总结。一直以来，这一关键性选举的关键问题始终是各方争论的焦点。按照关键性选举理论奠基人之一波哈姆最早提出的标准：第一，关键性选举会在周期性的矛盾累积后突然出现爆发性事件；第二，关键性选举的根本标志为政党选民联盟基本盘的调整；第三，选举胜利一方会在选后一段时期内占据意识形态上的主导性地位。③ 大卫·布拉迪等学者进一步细分了关键性选举标准，围绕选举与府会政治的关系提出了一系列假定，涉及政党连续执政、国会议员比例、政府政策方向等。④ 也有观点认为，关键性

---

① 王浩：《"特朗普现象"与美国政治变迁的逻辑及趋势》，《复旦学报》（社会科学版）2017年第6期，第76—183页。

② 刁大明：《美国两党政治走向及对特朗普外交的影响》，《现代国际关系》2017年第10期，第15页。

③ Walter D. Burnham, *Critical Elections and the Mainsprings of American Politics*, pp. 7-9.

④ David W. Brady, "Critical Elections, Congressional Parties and Clusters of Policy Change," *British Journal of Political Science* 8, iss. 8 (1985): 79-99; David W. Brady, "A Reevaluation of Realignments in American Politics: Evidence from the House of Representatives," *American Political Science Review* 79, no. 1(1985): 28-49.

选举发生时,候选人会倾向于放弃中间立场、选择极端立场。"一般情景下,候选人会竭力平衡个人政策,以期在中间选民和极端选民之间建立共识;然而当关键性选举到来时,候选人往往会发现,选择更能够代表本党意志的极端选民立场对自身更为有利,所以会放弃中间立场"。① 在这方面,政党选民联盟解体理论的重要代表大卫·梅休曾经对关键性选举理论的既有文献进行过系统梳理,批判性地总结了该理论的15项假定,其中有9项涉及标准判定。② 结合上述文献梳理,本书将关键性选举的研判标准界定为:一是选民的政党认同和投票偏好实现根本性重塑,重组形成新的选民联盟;二是两党的政党纲领和政治哲学发生方向性调整,在保守—中间—自由立场之间出现明显位移;三是选民聚焦的楔子议题凸显出新的时代性特征,政党体系之间的议题差异较为明显;四是政党力量均衡出现决定性变化,往往开启一党长期执政同时控制白宫和国会的局面。

值得注意的是,以上几方面特征并非关键性选举的充要条件,只要绝大部分特征已经满足,就足以带来美国选举政治格局和政党政治生态的重大改变。比如,20世纪70年代前后第五政党体系向第六政党体系迭代转换的过程中,民主党仍然牢牢把控国会政治,即便在里根保守主义的高光时刻仍旧具有强大的控制力,但不能否定1968年两党选民基本盘的"南北大挪移"已经完成。再比如,特朗普的胜选及执政在政党选民联盟重组方面的特征并不显著,但特朗普对两党政党纲领、政治哲学,对社会楔子

---

① Norman Schofield, Gary Miller and Andrew Martin, "Critical Elections and Political Realignments in the USA: 1860–2000," *Political Studies* 51, iss. 2 (1993): 217-240.

② David R. Mayhew, *Electoral Realignments: A Critique of an American Genre* (New Haven: Yale University Press, 2002).

议题和选举生态的建构作用是极为突出的。2016年总统竞选之于美国选举政治的历史意义不在于完成了一次关键性选举，而在于成功驱动了下一轮政党体系的更迭裂变周期。

与此相对，关键性选举的稀有性同时向我们展示，即便有的时候某一方面的特征已经非常突出，我们同样不可以感性认知代替理性分析、以选举的影响力界定选举的关键性。单看关键性选举的外部表征，任何一届总统选举或多或少都可以捕捉到一些可以被释义为具有重大历史意涵的"关键"痕迹，杜鲁门在1948年的惊天逆转、里根在1984年的恐怖胜选，无论任何时候忆起都会令人心潮澎湃，小布什与戈尔千禧年的不分伯仲、奥巴马与希拉里的黑人与女性总统之争亦带有足够多的标签效应，但所有以上这些特质，并不意味着上述选举能够经得起政治学视角下"关键性选举"的理论检验，能够真正触发政党体系更迭裂变的历史周期。基于以上论述，让我们首先回溯至第四政党体系勃兴的1896年，看两党如何蹒跚走过重建时代、镀金时代与工业时代，看自由主义与保守主义如何在19世纪末激情碰撞，并一举塑造了20世纪美国的选举政治格局和两党的世纪基本盘。

第二章 美国工业化与共和党世纪基本盘的塑造

一、19世纪后半叶的美国政党体系

(一) 南北战争前的选举政治格局

关于美国的选举政治,两个多世纪前,亚历山大·汉密尔顿曾断言:"每个至关重要的国家命题,最终都将被归属于这个简单的问题——谁将成为美国的下一任总统?"[①] 早在建国初期,选举政治的重要性已经为美国的国父们所深刻预见。毫不夸张地讲,自美国建国到南北战争结束这近一个世纪的时间里,任何一届总统选举都极为关键,从汉密尔顿主义与杰斐逊主义的路线之争到北方军与南方军的霸权之争,从民主党与共和党的艰难诞生到联邦党、辉格党的昙花一现,美国的国家命途可能在任何一个历史节点由于某次总统选举结果的不同而出现根本性改变。

按照严格意义上的关键性选举概念,这一时期美国的政党政治和选举政治体系仍旧处于探索建构期,酝酿生成关键性选

---

① Henry J. Ford, *The Rise and Growth of American Politics—A Sketch of Constitutional Development* (Scotts Valley: Create Space Independent Publishing Platform, 2017), p. 10.

举的政治基础尚不具备、结构环境尚不稳定。从政党政治角度看,国父们普遍深受古典共和主义思想影响,对组织化的政党满怀鄙夷,认为政党政治即是党同伐异,只会腐蚀和毁灭新生的共和国。然而,自华盛顿离世以后,以财政部长汉密尔顿、副总统亚当斯为首的"亲行政派"和以国务卿杰斐逊为首的"反行政派"随即就将美国的政治制度自然而然地推向了两党制,在此后的半个世纪内美国完成了多轮激烈的党争重组,直至南北战争结束后才基本稳定下来。从选举政治角度看,迫于党派竞争压力,18世纪末期,美国各主要党派纷纷创立各自的党团会议、地方组织、党报党刊,这些是最初的选举政治机器。步入19世纪20年代,总统选举规则发生显著改变,各州普遍取消了选民财产资格限制,成年男性普选权得到大幅扩展,1828年总统选举中选民票数几乎达到1824年的三倍。特别是杰克逊竞选以来,美国总统选举的动员逻辑发生了根本性改变,两党纷纷开始打造高效运转的政党机器,选举重心从议会转向选民、从党争转向民意,现代意义上的总统选举雏形开始逐步显现。

总体来看,南北战争结束以前,美国选举制度仍在建构摸索,民主、共和两党分庭抗礼的结构局面尚在暗涌酝酿,尽管每一次总统选举都极为关键,但选举本身只是政党争权夺利的工具,尚未与最广泛的选民投票权相挂钩,本质上与政党选民联盟缺乏显著关联性,即刻生成关键性选举的政治基础尚不具备、结构环境尚不稳定。尽管如此,美国史学界仍旧按照政党体系概念对这一时期进行了节点划分,主流观点认为,自1789年华盛顿出任美国总统到1828年杰克逊胜选为美国第一政党体系,这一体系以联邦党与民主共和党、汉密尔顿主义与杰斐逊主义根本对抗为标志,美国两党制正式确立,国家权力开始从北部的新英格兰地区向南部转移,这一体系的楔子议题是个人、州与国家之间的权力界定。自1829年杰克逊执政到1860年林肯胜选为第二政党体系,这一体系以亚当斯派和杰克逊派的根本对立为标志,当代民主党和共和党分别完成历史性组建,在全新的选举动员模式下,种植园经济和城市选民遭到杰克逊民粹主义的全面阻击,这一体系的楔子议题是民主政治的代表性和参与权。南北战争结束后,民主、共和两党南北对峙的当代分野格局才算正式确立,以林肯结束内战、一统南北为标志,共和党借助北方资本优势上升为全国性大党,民主党偏居南隅不断巩固深化地方势力,美国正式进入第三政党体系,选举政治格局结束了最初的蒙昧混沌局面,政党选民联盟启动了漫长的杂糅分化与相互选择,这一体系的楔子议题是奴隶制、内战和美国的工业崛起。

(二)重建时代的选民盘面分化

内战结束后,美国正式进入重建时代。重建时代初期,共和党携内战胜利余威稳坐总统交椅,在六届总统选举中实现连续执政,围绕黑人公民权和投票权大力推行重建改革,一个由黑人、提包客和南方温和白人组成的共和党联盟在重建初期成功掌控了南方州。然而,从选民基本盘的角度来看,共和党的执政根基从一开始就不够稳固。林肯遇刺后,安德鲁·约翰逊接任总统职位。作为南方民主党温和派势力的代表,约翰逊参与林肯内阁只是为了象征性展现南北双方的合作姿态,在内心深处,他对保障黑人权利并无任何热衷,明确反对林肯对黑人选举权的支持。约翰逊执政以后,屡次否决国会重建法案,对废奴政策阳奉阴违,共和党选民不断遭到恐吓与袭击,投票率持续降低。在重建时期后半段,民主党反制力量快速壮大。1874年国会众议院改选,共和党在全国各地一共损失了96个席位，波旁民主党人彻底控制了众议院。在极富争议性的1876年大选中，共和党候选人海耶斯在两党僵持不下的选举对抗中被迫妥协，允诺从南方撤出最后一批联邦军队，以获取南方民主党白人的支持，最终勉强以一票优势胜选。自此，共和党激进派彻底放弃了林肯的改革遗愿，南方民主党白人击败了共和党并控制了南方的每一个州，"老南方"这一概念在美国选举政治史上正式出现，从而标志着重建时代彻底结束。

重建时代是美国两党制启动磨合的最初时代，两党内部都有代表各自极端立场的激进派系，也都有附庸于中间立场的温和派系，两党之间和党派内部的角力本质上是通过凸显政党纲领吸引选民，这一时期政党与选民的深刻互动成功推动了美国选民基本盘从混合杂糅走向理念分化。共和党方面，最初占据上风的自然是继承林肯改革遗愿的激进派，这一派系在约翰逊任期内坚决与总统对抗、在格兰特任期内基本上主持了全盘改革大业。然而，由于政治分肥和严重腐败，重建时代中段起，这一派系愈发失去选民信任，并逐渐被自称"救赎者"的共和党保守派取代，公众对重建政策的支持自1872年伴随自由共和党的崛起在北方逐渐消失。民主党方面，最初与林肯共和党人实现和解的波旁民主党人拥有先天的政治优势，既拥有南部亟于发展经济的白人选民支持，又获取了北部共和党保守派的合作，开始迅速发展壮大。波旁民主党人主张经济自由放任主义、反对政府干预市场，他们一方面抵触更加激进的民主党民粹主义政党纲领，比如反通胀、反垄断、劳工保护等，另一方面也会抨击共和党主流的贸易保护主义政策，他们主导了海耶斯的一次妥协，并在随后牢牢把控了后重建时代的国会政治。伴随镀金时代的到来，美国社会的斗争焦点迅速转移到政治腐败、派系分肥、公务员改革、参议院直选、禁酒、反移民等各式各样的崭新议题上,选民偏好在选举政治的各个维度被楔子议题切分,选民基本盘启动了剧烈重组,直接引致了第三政党体系最后20年喧嚣而混乱的政治局面。

(三)镀金时代的两党均衡博弈

时间进入镀金时代,后重建时代的民主、共和两党以梅森—迪克森线[①]为泾渭,选区势力逐步转向平衡,政党纲领日渐清晰,选民联盟也实现了初步分化。从选举结果看,共和党在重建时代的选举优势开始快速式微,1876—1892年的5次总统选举,民主党赢得了1884年、1892年的两次,在1876年和1888年的选举中也得到了更多的选票,只是因为选举人票略逊于共和党而惜败。1892年,人民党宣告成立,威廉·布赖恩发起了声势浩大的白银运动,从共和党治下的西部成功分离出了科罗拉多州、爱达荷州、犹他州、内华达州4个白银主产州的选票,客观上助力民主党候选人克利夫兰第二次竞选成功。1896年竞选中,民主党与人民党正式合流对抗共和党,这是当代两大党派第一次势均力敌的正面对决,双方在政党纲领、选民联盟上几乎完全对立,楔子议题所触及的社会矛盾已经无法压制,种种迹象表明,重建时代的选民基本盘分化已经临近崩裂,美国选举政治史上第一场理论和实践指向都极为清晰的关键性选举正在到来。

从总统选举层面看,人民党的加入并未给民主党带来好运。1893年,突如其来的"大恐慌"冲击了克利夫兰政府的执政绩效,重创了民主党的政权合法性。这一点在1894年的国会改选中就已

---

① 梅森—迪克森线(Mason-Dixon Line)是美国宾夕法尼亚州和马里兰州的分界线,在美国内战期间成为北方自由州与南方蓄奴州的分界线。

经初见端倪,民主党人在众议院一举丢掉125个席位、在参议院丢掉4个席位,给民主党的1896年总统选举之路蒙上了厚厚的一层阴霾。伴随人民党的发展壮大,民主、共和两党选民盘面中偏近于民粹主义理念的选民出现了显著流失,由于人民党与民主党根生同源,民主党方面受到的影响显然更大。1896年选举,共和党获得了一场无可置疑的竞选完胜,在白银运动四州全部陷落的情况下,仍然以99票的优势获得胜选,这一结果是此前双方都未曾预料到的。这场选举在根本上重塑了19世纪末期美国的选举政治版图,共和党就此稳住了纽约州、伊利诺伊州等摇摆州,民主党仍然坚守自己的"老南方"阵地,依附于人民党的白银运动四州在后续的三次总统竞选中始终跟随民主党。此后30年间,除了威尔逊借助共和党的分裂在1914年、1918年两次当选外,共和党获得了压倒性的选举优势,且胜选优势不断上升,直至胡佛竞选时期狂揽444票,掀起了红色浪潮。与之相反,民主党在此期间仅仅保住了"老南方"阵营,在北部和西部的支持率持续下降。1932年罗斯福新政到来之前,民主党在"老南方"腹地以外,仅仅在两个州获得过胜选。人民党的势力则在1896年选举后大为衰弱,尽管布赖恩本人仍然顽强参加了1900年、1908年两次选举,然而人民党的旗帜已经逐渐为民主党所彻底同化,最终西部和南部地区的人民党势力并入了民主党,中西部势力则倒向了共和党,民主党控制西部和南部,共和党控制东北部、中西部和太平洋沿岸的两党割据局面正式确立。

  从国会选举层面看,镀金时代初期,民主党在整个20年间完全控制众议院,绝大部分时间完全控制参议院,在选举政治结构中占据强势地位。然而,民主党在1894年国会中期选举惨败后,共和党开始重新控制国会。1896年总统选举的胜利使得共和党的国会优势进一步巩固,整个第四政党体系期间,除了威尔逊时期民主党短暂重回国会多数党地位,其余时间均被共和党牢牢压制在少数党地位上,这使得共和党获得了从白宫到国会的全面控制力。此外,第四政党体系也是美国第三党势力能够发挥干扰作用的最后阶段,因由多个少数在野党派的存在,共和党在国会的主导力始终无法完全彰显,1892—1898年,第三党在国会分别占有3票、6票、7票、8票,迫使共和党必须费尽心机与之协作才能通过议案。一些选举政治学者据此认为,对于共和党而言,1896年只能算作实现了政党改组,并不能算作真正意义上的政党重组。[①] 此外,1896年总统选举的投票率也出现了显著回升,在很多州甚至高达90%。种种迹象表明,一场关键性选举在1896年已经出现,然而系统性地检验这一判定,必须严格依循前言部分提出的检测模型,以下我们将分别从政党体系楔子议题、政党选民联盟重组和政党政治格局演变三个角度进行论证。

二、第四政党体系的楔子议题

(一)工业美国还是农业美国?

南北战争结束后,美国逐渐摆脱了奴隶制对生产力发展的束缚,西部的资源开发、人口的迅猛增长、海外的逐步扩张连同第二次工业革命带来的技术革新为美国经济飞速发展奠定了坚实基础,完成了以工业化、城市化和垄断化为特征的现代化转型。1860—1914年的半个世纪里,美国人口增长了3倍,工人增长了

---

① Richard W. Waterman, Bruce I. Oppenheimer and James A. Stimson, "Sequence and Equilibrium in Congressional Elections: An Integrated Approach," *The Journal of Politics* 53, no. 2 (1991).

5.5倍，工业产值增长了12倍，工业资产增长了22倍。到1896年麦金莱竞选时期，美国的经济总量已经跃升到世界第一位。工业发展速度尤为引人瞩目，1890年，美国的工业产值首次超过农业产值；1894年，美国工业产值跃居世界第一位，相当于欧洲各国工业产值总量的一半。[①] 工业的迅猛发展带来了垄断资本主义。1882年，洛克菲勒建立了美孚石油公司，这成为美国最早的托拉斯组织。此后，纺织、铝业、酿酒托拉斯先后成立，在麦金莱政府时期特别是美西战争前后，美国产业界的并购重组达到了高潮。1900年前后，垄断资本主义已经在美国经济中占据主导地位，高达86%的矿产品和66%的工业品均由垄断企业生产。城市化快速推进，特别是工业城市在这一时期快速崛起，1860年，辛辛那提是美国最重要的轻工业和商业中心之一，位列全美十大城市榜第七位。1890年，中西部重工业城市克利夫兰市登上了全美十大城市榜，辛辛那提被挤到了第九位。到了1910年，"汽车城"底特律、"钢铁城"匹兹堡等中西部工业重镇快速崛起，辛辛那提则彻底离开了全美十大城市榜。毋庸置疑，工业化连同其带来的城市化、垄断化是19世纪末期美国最为深刻、最为重要的国家变革，是整个美国社会最为核心的楔子议题，奠定了美国选举政治格局演变的主基调。

在工业美国繁盛兴起的同时，硬币的另外一面，农业美国正在以不可阻遏的势头疾速衰落。美国工业化同步带来了农业生产方式的革新，打捆机、拖拉机等新式农业机械的普遍应用大幅提高了劳动生产率，实现了手工农业生产到机械化农业生产的蜕变。与此同时，这一进程也深刻改变了农产品市场的供需平衡，

---

① 余志森主编《美国通史——崛起和扩张的年代》，人民出版社，2002，第19页。

大幅降低了劳动力要素在农业生产中的重要性，农民在美国社会中的阶层地位进一步下滑。根据文献，麦金莱政府时期，美国专利局受理的农具和其他农业技术专利有：蔬菜切割和压榨机701项、打谷机5319项、中耕机5801项、播种机9156项、收割机12519项。① 弗兰克·诺里斯在《章鱼》一书中写道："这个以地平线为界的农庄，一眼望去，东南西北，全是一个人的，一个在钢铁和蒸汽统治下的王国。"② 在工业化进程的巨大影响下，美国社会传统的农业神话在19世纪末被逐步打破，铁路发展是其中的最大推手。伴随西部大开发进程的加快，美国铁路总里程从1870年的5.3万英里快速发展至1900年的近20万英里，铁路公司从政府获得土地补偿，随手将土地转卖给移民西部、寻找生活新出路的农民。由于缺乏原始生产资料，农民只能暂时将土地作为抵押品出售给金融机构，以购买农业机械和更多的土地资源，自己担负此中的经营风险。然而自1880年起，农业技术革新的效用开始凸显，全球性资源供给过剩导致农产品价格大幅下跌，美国600多万农业家庭遭受重创，农民失去抵押赎回权的比例不断攀升，债台高筑、面临破产。

在镀金时代，农业美国历经了前所未有的身份认同挑战，这部分农业选民世代在土地上耕种，他们将自己视为真正的美国人，将杰斐逊主义视为真正的美国精神，认为"只有从土地劳作中获得的财富才是'真实'的或'自然'的，而资本家手中操控的纸币、股票、债券全部是'非真实'的、'非自然'的财产"。"只有依靠自然之赐，才能够保持自身的正直与完善，相较于'堕

---

① Fred A. Shannon, *The Farmer's Last Frontier: Agriculture*, 1860-1897 (London: Routledge, 1973), p. 139.

② Frank Norris, *The Octopus* (New York: Dover Publications, 2013), p. II.

落的城市人口'，在土地上劳作的人最接近上帝"。① 面对金融和产业资本的双重剥削，美国农民先后发起了格兰其运动、绿币运动及农业联盟运动等一系列反抗，这些反抗最初始于南部边疆地区，而后蔓延至得克萨斯州和其他南部联盟州，最后扩展至西部平原。从运动开始到形成南部与西部的大联合，前后共用了15年左右的时间，其思想轨迹可以从1892年的人民党政纲回溯至1889年的圣路易斯政纲、1888年的达拉斯诉求和1886年的克勒本诉求。这一时期，农业美国与工业美国之间的矛盾前所未有地激化，正如《进步农民》一书所评价的："我们的产业体系存在着错误，几乎已经完全失去了平衡。铁路业从未如此繁荣，而农业却衰退了。"② 亨利·康马杰在《美国精神》里敏感地捕捉到，"19世纪90年代是美国历史的分水岭，分水岭的这边是现代美国，那边是农业美国"。③

（二）金本位还是金银双本位？

农业美国与工业美国的分野是19世纪末美国政治经济结构的根本分野，很多关乎国家发展路向的争辩均围绕这一楔子议题展开，其中最为突出的矛盾凸显在货币本位制的争夺上。在农业美国时代，美国经济的话语权掌控在农场主手里，这些人是坚定的硬币主义者，认为银行和纸币将导致利益格局发生变化和社会财富重新分配，从而破坏美国社会的公平正义。南北战争后美国

---

① Robert C. McMath, Jr., *American Populism: A Social History, 1877-1898* (New York: Hill and Wang, 1993), p. 12.

② 转引自James M. Beeby, *Revolt of the Tar Heels: The North Carolina Populist Movement, 1890-1901* (Jackson: University Press of Mississippi, 2008), p. 12。

③ 亨利·斯蒂尔·康马杰：《美国精神》，南木等译，光明日报出版社，1998，第63页。

经济飞速增长，滋生了更大的货币流通需求，彼时美国的货币政策仍然坚守金银双本位制，正在兴起的东北部金融资本对于货币价值特别是黄金价值的稳定性有着极强的敏感度，担心货币流通量过大会导致通货膨胀、资产贬值。1874年，美国西部发现大量银矿，白银供应量激增，与此同时欧洲国家由金银双本位制转向金本位制，白银需求量锐减。1870—1890年，美国农产品价格与白银价格同步下跌，在农业选民看来，这显然是由于货币量供应不足所引起的，如果政府增加货币供给，价格就会自动上升。然而，东北部资本家看到的则是白银价格的下降已经引发了货币体系的不稳定，于是千方百计阻止白银在货币体系中流通、阻止西部银矿资本家崛起。贯穿整个第三政党体系的一点是，无论是民主党还是共和党执政，都离不开金本位资本家的支持，尽管政府迫于社会压力间歇性出台了《艾利森法》《谢尔曼购银法》等保护银币的法案，但整体上美国的货币政策持续向单一金本位制倾斜。及至19世纪最后十年，这一矛盾已经无法调和，特别是1892年民主党总统克利夫兰执政后废除《谢尔曼购银法》，直接刺激了全国范围内的自由银币运动，导致民主党的分裂与布赖恩的人民党的崛起。共和党索性在1896年麦金莱竞选时期彻底撕破脸皮，根本性放弃1892年竞选时的折中含糊立场，坚定为单一金本位制站台，从而把货币问题推向了最前台，1896年总统选举因此也经常被称为金银战争。

从楔子议题的角度看，1896年总统选举无疑是美国历史上一次至关重要的关键性选举。波哈姆在其早期论文中将这场选举视为奠定美国整个20世纪政治基调和选举模式的一次选举，在他看来，1896年总统选举最为显著的变化在于整个国家的产业化，工人积极争取自身权利，农民竭力维护自身生计，银行家和资本家则想方设法驱除投资管制。波哈姆提出,在选举发生前出现了层出不穷、线条清晰的选民群体对抗,其中的头号议题是如何塑造美国产业化的未来。① 大城市和城市移民成为产业化的受益者,从而坚定地加入了共和党;乡村地区则成为民主党捍卫旧传统的基地。与此同时,金本位制与金银双本位制的角力成为楔子议题的重要注解。有学者认为,关键性选举的意义就在于,一般情景下,候选人会竭尽全力平衡个人政策,以期在中间选民与极端选民之间建立共识;然而当关键性选举到来时,候选人往往会发现,选择更能够代表本党意志的极端选民立场对自身更为有利,所以会放弃中间立场。共和党在1896年的货币政策突然极端化,决意放弃此前数十年的模糊立场,坚定支持金本位制,就充分体现了这一点。②

三、第四政党体系的政党选民联盟

(一)"金十字架"演讲与失败的工农联盟

按照前文所述,农业美国与工业美国的分野是19世纪末美国首要的国家风貌和楔子议题。在波哈姆看来,这一情势自南北战争结束后开始酝酿,1893年"大恐慌"使之进一步激化,③ 到

---

① Walter D. Burnham, *Critical Elections and the Mainsprings of American Politics*, pp. 13-16, 71-90.

② Norman Schofield, Gary Miller and Andrew Martin, "Critical Elections and Political Realignments in the USA: 1860-2000," pp. 217-240.

③ 波哈姆认为1893年"大恐慌"是导致1896年关键性选举发生的直接原因。关于这一点,桑奎斯特并不认同,他认为1896年关键性选举是由两党及其代表的选民联盟的结构性关系决定的,更大程度上受因于当时的选举氛围,大恐慌的选举效应已经在1894年国会选举中提前体现了。详见James L. Sundquist, *Dynamics of the Party System: Alignment and Realignment of Political Parties in the United States*, p. 160。

1896年大选时，已经到了不得不解决的地步了。"城市移民成为产业化的受益者，坚定加入了共和党；乡村地区则成为民主党捍卫旧传统的基地"。① 围绕这一矛盾，共和党和民主党建立了彼此对立、泾渭分明的政党纲领。民主党的纲领大幅吸取了人民党的思想，将自身描绘成美国传统道德和民主政治的捍卫者，将农民的经济困境归咎于银行和资本家，提出要依靠"朴素的人民"挽救共和政权，力图改善农民的生活境遇，并历史性地提出了打造工农联盟的思想。在币制选择的问题上，人民党坚定传达了白银主义者选民的政治诉求，要求获得无限制自由铸币权，布赖恩在一举奠定其领袖地位的著名的"金十字架"演讲中明确提出，"我们对主张金本位的人的答复是：你们不应当把带刺的王冠压在劳动者的眼眉上，你们不应当把人类钉死在金十字架上"。② 尽管存在党内分歧，但布赖恩的竞选唤醒了来自美国社会基层的民粹力量，形成了对共和党强有力的道德压制。

面对民主党咄咄逼人的攻势，共和党的选举策略是妖魔化民主党的草根政策，将布赖恩描绘为一个来自社会底层的危险圣徒。共和党的竞选团队深入游说北部大资本家，恐吓他们布赖恩会把他们的资产均分变卖，只有支持共和党才能够保障产业发展，反复传播"我们不能拿货币那样神圣的东西来赌博"，"这对我国的金融和工业利益是一个威胁，并已经产生了普遍的惊慌"，"只有麦金莱将成为美国社会辛勤劳动者的财富和工作的真正守护者"。共和党的这一策略收效奇佳，麦金莱的竞选顾问马

---

① Walter D. Burnham, *Critical Elections and the Mainsprings of American Politics*, pp. 13-16, 71-90.

② Michael Kazin, *A Godly Hero: The Life of William Jennings Bryan* (New York: Knopf Doubleday, 2007), p. 61.

克·汉纳开创了大规模募集选举资金的先河，成功为麦金莱的竞选活动筹集了350万美元，同期布赖恩只有50万美元选举资金，财务上的巨大差异使得共和党可以肆意抹黑民主党的竞选，这也是1896年民主党败选的重要原因之一。与民主党鲜明的工农立场不同，共和党没有明确说明自己到底是哪部分社会劳动者的代表，一方面，竭力抹黑布赖恩、恐吓金融资本家，使他们自动站到自己这一方；另一方面，共和党也在积极争取工农阶层中的有产者，称将对这部分从社会底层艰难爬起来的耕耘者提供政策庇护。

至此，两党选民联盟的分野基本清晰。民主党的均分地权、金银双本位制、限制铁路权力等政策主张在南部和西部牢牢把控住了农业选民，共和党则巧妙地利用民主党纲领给工商业带来的恐慌，在西海岸和东北部成功打造了一个由工商业者、知识分子、技术工人和有产农民组成的保守派联盟。最终，关键的摇摆选民出现在受企业雇用的工人阶级身上，这部分选民陷入政党认同上的两难，一面是声称保护工人阶级、支持工会组织的民主党，另一面是不断制造工作岗位，但支持资本家打压工人权益的共和党。总体而言，由于南北战争以来南北经济发展的巨大差异，北部城市工人选民并不大愿意与南部农业选民出现在同一阵营，工会组织普遍担心民主党执政会出现通货膨胀，铁路工人则担心银本位制会导致铁路公司破产。在共和党最为重视的中西部工业选民群体中，民调数据显示，绝大部分的铁路工人和产业工人都将选票投给了麦金莱。① 在争取这部分选民的过程中，民主党并没有展现出与保护农业选民同样的热忱，在其竞选纲领的序

---

① Richard J. Jensen, *The Winning of the Midwest: Social and Political Conflict, 1888-1896* (Chicago: University of Chicago Press, 1971), pp. 55-56.

言中，明确指出工人问题并不是十大竞选纲领的组成部分，仅仅是需要关心的部分，很多具体的执行细则仍然是倾向于农业阶层。布赖恩在"金十字架"演讲中也犯下了致命错误，面对25年前刚刚被大火烧毁的芝加哥，他在演讲中提道，"城市可以烧毁，但农田必须保留；你们的城市烧毁了可以重建，但我们的农田如果被毁掉，这个国家便只会剩下城市街道里丛生的杂草"。① 布赖恩选举的最大失败在于，他先验性地对城市选民和农业选民做了性质清晰的二元划分，"你们的城市""我们的农田"表述把民主党自动设定为城市选民的对立面，从而流失了原本可以大力争取的重要摇摆盘。从选举结果看，布赖恩赢得了农业选民，但失去了工业选民，59%的城市选民将选票投给了麦金莱，布赖恩只拿下了2个工业城市，22个投票给共和党人的州全部拥有大量的产业工人。② 波哈姆注意到，即便是在产业工人成分较为复杂的宾夕法尼亚州，共和党仍然稳稳控制住了工人阶层中的精英团体，并在此后20年始终拥有影响力。③ 根据美国国家经济研究局2017年的一篇论文，在过往十年抵押贷款利率高、铁路渗透率低、农作物价格下降幅度最大的地区，布赖恩表现出色。事实上，如果农作物进一步降价或者利率上涨得足够高，或许布赖恩可以完全凭借农业选区获得胜选。④ 然而这一状况并未发生，民主党没有

---

① Michael Kazin, *A Godly Hero: The Life of William Jennings Bryan*, p. 61.

② William Diamond, "Urban and Rural Voting in 1896," *The American Historical Review* 46, iss. 2 (1941): 285, 297.

③ Walter D. Burnham, *Critical Elections and the Mainsprings of American Politics*, p. 51.

④ Barry Eichengreen, Michael R. Haines, Matthew S. Jaremski and David Leblang, "Populists at the Polls: Economic Factors in the 1896 Presidential Election," National Bureau of Economic Research, 2017, accessed February 3, 2020, https://www.nber.org/system/files/working_papers/w23932/w23932.pdf.

能够成功打造工农联盟，为社会底层人民提供普适福利，这是其1896年选举失利的根本原因之一。① 纵观整个第四政党体系，民主党自始至终也未能建立起有力的工会组织，这与西欧遍地开花的工人党组织形成了鲜明对比，这也是其在国家工业化进程中全面受到共和党压制的根本原因之一。

（二）中西部争夺战与两党的南北分治

从选区分布上看，两党的核心选区也在这一时期完成了调整与固化。民主党选民主要分布在美国南部、落基山区和中西部乡村，而共和党选民主要分布在东北部、太平洋沿岸和中西部城市。双方竞选团队都心知肚明，产业快速兴起、选民成分复杂的中西部将成为这场竞选的胜选关键。为了争夺关键选区，布赖恩在整个竞选的最后阶段将全部精力投放在中西部，选前3个月在中西部完成了1.8万英里的巡回演讲，日均演讲35次，选民支持率一度显著高于麦金莱。然而，麦金莱雄厚的竞选资金在最后关头发挥了重要作用，共和党在中西部实施了"前线竞选"策略，与布赖恩深入基层四处奔波不同，麦金莱花重金将选民集中于关键重镇进行集中宣讲，仅在俄亥俄州就有50万选民到访过麦金莱的家乡坎通县。通过最后阶段的冲刺，民主党在中西部的苦心经营全部沦陷，共和党获得了关键性选举关键一役的胜利。

另一场焦点战役出现在城市选区，移民是这场战役的决定性因素。信仰天主教的北部德裔移民、爱尔兰裔移民是民主党的长期支持者，而共和党则与主张放松资本管制的新教徒观点更为一致。由于布赖恩已经被定性为本土主义、民粹主义的代言人，北

---

① James L. Sundquist, *Presidents, Parties, and the State* (Cambridge, UK: Cambridge University Press, 2000).

部城市移民始终非常担心自身会遭到政治上的不公正对待,对于其低关税政策可能引发通货膨胀也心存忌惮。与此同时,南部白人农民在种族立场上仍然十分保守,他们拒绝接受南部的黑人、新移民,并继续敌视犹太人,将其看作华尔街阴谋的主导者,这些都严重影响了民主党在移民团体中的支持率。按照波哈姆的判断,尽管布赖恩在城市选民的流失上与麦金莱在农村选民的流失上同步发生,但前者流失的速度明显更快,特别是移民率高的地区民主党支持率下降得更快。① 在19世纪90年代,一些城市的移民比例已经相当高,其中纽约、芝加哥、底特律和旧金山的移民总数甚至占到城市总人口的78%以上,② 以至于共和党甚至在这些新兴城市里发放了超过12种语言的竞选传单。在第四政党体系,民主党在北方人口密集、移民众多的大城市选区得到的支持出现了过去几十年不曾有过的快速流失,北方城市选民彻底接受了资本主义,拒绝了民主党将经济带回旧时代的倡议。这一场关键性选举过后,两党南北分治的选区格局就此确立,贯穿整个第四政党体系,45个州中有22个州的选票立场再未发生过变化,国会中三分之二的民主党代表来自南方选区,民主党议员在南方以外选区最多只能得到40%的选票,而在南方腹地的得票率则从未低于86%。③

---

① Walter D. Burnham, *Critical Elections and the Mainsprings of American Politics*, p. 41.

② Blake McKelvey, *American Urbanization: A Comparative History* (New York: Scott, Foresman and Company, 1973), pp. 72-73.

③ 艾拉·卡茨尼尔森:《恐惧本身——罗斯福新政与当今世界格局的起源》,彭海涛译,山西人民出版社,2018,第199页。

四、第四政党体系的政党政治格局

19世纪末，美国的政党政治格局正在历经此前100年所未曾有过的深刻演变。从政党组织的角度看，南北战争结束了建国以来频繁的政党更迭，形成了民主、共和两党长期对立的二元结构。尽管仍然存在较多第三方势力杂糅其中，但除了布赖恩的人民党，绝大部分不成气候。1896年总统选举赋予了人民党强势崛起的历史机遇，但随后又很快将这股浪潮彻底湮没，从而成为美国从不甚清晰的两党制转向严格意义上的两党制的政治分水岭。从政党立场的角度看，在两党制确立初期，主流选民占据了两党政治纲领的中间地带，使得持中间立场的政党派系占据优势，这导致了重建时代过后共和党激进派的衰弱和民主党波旁派的崛起。此后，伴随社会矛盾的日渐加深，中间派逐渐无法压制来自底层的政治诉求，两党左右两翼的激进派系出现了同步的民粹化倾向。在镀金时代，由于楔子议题显著增多，选民不断调整议题偏好，原有的政党忠诚严重衰退，政治上的独立派因其立场的灵活性反倒变得更有魅力。比如波旁民主党人在1896年推出的政治候选人帕尔默，究其一生始终在不断地切换政党，他以一名民主党人的身份步入政坛，随后加入了共和党，而后以自由共和党人的身份脱离了共和党，最终在1896年再次返回民主党，扛起了反对布赖恩的人民党的大旗，其主要政策主张就是拒斥普遍主义——"我有自己的见解，我不是任何政党的奴隶"，"我为自己思考，在任何场合都说了自己想说的话"。[①] 帕尔默的政治经历在

---

① Linda R. Beito and David T. Beito, "Gold Democrats and the Decline of Classical Liberalism, 1896-1900," *Independent Review* 4, no. 4 (Spring 2000): 555-575.

混乱的第三政党体系尾声具有典型的代表性，政客们对于社会政治风向的认知普遍缺乏信心，对于选民的政治立场和偏好更加没有把握，索性通过强调政治独立性凸显选举合法性。1896年，由于关键性选举的出现，各大派系政治立场的混杂状况被彻底终结，在积聚爆发的楔子议题面前，主要政党疾速实现了政治立场的清晰化和两极化，这场选举由是成为美国内战以来保守主义与激进主义第一次泾渭分明的对抗。

（一）人民党消亡与布赖恩的政治遗产

民主党方面，对抗的双方分别是保守的波旁民主党和激进的布赖恩的人民党。波旁民主党在意识形态上隶属于民主党内的保守主义或古典自由主义一脉，主张限制联邦政府的规模和权力；阶级立场上代表商业资本利益，支持大银行、大资本自然生长，但反对帝国主义和海外扩张。在关键的货币本位问题上，波旁民主党人明确支持金本位制，并在整个镀金时代主导了美国的货币政策，大幅推广硬货币。1884年和1892年，这部分民主党人两次将克利夫兰捧上总统席位，坚决拒绝用白银增加货币供应量，并直接废除了《谢尔曼购银法》，导致民主党与社会底层选民渐行渐远。1893年经济"大恐慌"出现后，波旁民主党人的政治势力开始显著式微。与此同时，民主党内外的民粹主义者抓住了难得的生长机遇，集聚在刚刚成立的人民党周围强势崛起。人民党在政治立场上代表了源自杰斐逊主义的农耕哲学，认为晴耕雨织是较之于银行家和商业资本的谋生更为优越的一种生活方式。人民党在南部吸引了棉农、在西部吸引了麦农，主张加大联邦政府的市场干预力度，帮助农民反抗托拉斯企业的权力侵犯。1892年总统选举中，人民党首位民粹主义候选人詹姆斯·韦弗历史上第一次拿下西部四州，其表现比内战以来任何第三方候选人都更加出色；1894年国会改选，人民党在南部和西部多个州的国会和州议会选举中取得了大胜。以至于一些党内坚定的民粹主义者认为他们可以在1896年选举中彻底取代民主党，成为共和党的主要反对党。就在此时，民主党内持民粹主义立场的议员决定提名并支持布赖恩，使得人民党陷入了战略上的两难困境。与民主党联手推出候选人可能会导致其自身失去独立性，但如果放弃合作，又无法找到比布赖恩更为合适的候选人，只会分散强大的改革力量，将权力交给保守的共和党人。最终，人民党在1896年做出了"关键性"决定，与民主党携手迈上了关键性选举的历史舞台，但也正是通过这次选举，人民党开始逐渐被民主党吸纳，并在此后的十余年中逐渐消亡。

作为两大政党联袂推选的总统候选人，布赖恩在1896年以36岁的超低龄一举跃上了历史舞台，这个年龄仅比宪法规定的总统竞选门槛大一岁，截至目前，布赖恩仍然是有史以来由主要政党提名的最年轻的总统候选人。某种意义上，布赖恩堪称总统选举制稳定成型后两党诞生的第一位政治天才，在镀金时代混乱的派系斗争中，他能够在不到30岁的年龄就准确辨识历史风向转换，坚定支持民粹派的政治立场，反对克利夫兰政府和波旁民主党人，并在1896年的关键节点一举完成历史性的"金十字架"演讲。时至今日，"金十字架"演讲仍是美国选举政治史上的不刊之论，甚至称为关键性选举史上的开山之作也毫不为过。可以说，布赖恩是民主党成立后第一位政治理念上的克里斯玛，定义了民主党在美国政治生活中注定要持续引领革新理念的身份角色，此后无论成功当选总统的威尔逊、罗斯福还是失败的史蒂文森、麦戈文，民主党最为标志性的政党风貌，就是始终拥有如布赖恩般饱满的政治激情。杜鲁门就曾经讲过,"如果不是布赖恩,当今美国根本就不会有任何自由主义,是布赖恩使美国始终保持着自由活力"。① 从这个意义看,布赖恩堪称民主党自由政治理念的重要奠基人和实践者,这一点可以说是布赖恩最为重要的政治遗产。

此外,布赖恩年龄优势的最大意义就在于,即便1896年失败了,他也可以继续以极低的选举成本一次次重新来过。1900年、1908年,布赖恩接连参加总统竞选,最终在威尔逊政府任内担任国务卿,并以与威尔逊彻底决裂的方式完成了自己政治生涯的谢幕。回头再看,我们发现,整个人民党的政治寿命就是以布赖恩的政治寿命为标尺进行度量的。尽管自始至终,布赖恩并未实现自己的总统梦,但他在美国工业化和现代化的重要变革时刻登上政治舞台,当时原始而野蛮的工业主义正在试图改变所有的本土价值和传统道德。面对剧烈的党内外冲击,布赖恩的许多提议看起来都很疯狂,但作为一名典型的破坏型政党领袖和政治理念革新者,他所表达的原始情感是足够真诚的,其所代表的民粹主义理念在长达20年的时间里根本性地冲击了世纪交接之际的美国政党政治。"在两党制的框架里,人民党受到两大党压迫与控制,使其发展受阻;同时,人民党与两大党保持着复杂联系,为两大党之间的力量转移、重新组合提供了必要条件"。② 1896年选举失败后,人民党开始逐步为民主、共和两党所融合,同步将布赖恩的政治理念和政治情感带进了执政党,尽管没有得到总统权力,然而人民党的很多政策主张开始在美国付诸实施。事实上,布赖恩

---

① Merle Miller, *Plain Speaking: An Oral Biography of Harry S. Truman* (New York: Berkley, 1986), pp. 118-119.
② 黄仁伟:《论美国平民党运动的历史地位》,《世界历史》1989年第1期,第69页。

主要的政治成就集中凸显在他失败的4次竞选以后,他开始逐步远离党派政治纷争,更多的关注实实在在的社会问题。青年时期的布赖恩狂热地掀起了白银运动和反托拉斯潮流,年长后的布赖恩则专注于禁酒令和守护基督教道德,推动了一批保护本土价值和传统道德不受工业主义的野蛮和贪婪影响的制度性立法,威尔逊的"新自由"和罗斯福的"公平施政"里包含的很多立法都彰显着人民党的政策立场。① 20世纪初,美国出现了浩浩荡荡的进步主义浪潮,此间很多中坚力量也曾经来自人民党,"平民主义与进步主义之间,似乎难以找出明显的界限,故将平民主义称为进步主义的前奏,亦无不可"。② 在美国选举政治史上,尽管人民党只是在19世纪尾声昙花一现,然而时间步入20世纪,我们发现这样的昙花一现此后再未出现。无论是1968年华莱士的独立党,还是1992年佩罗的"让我们团结在一起",都远不及人民党在1892年以及进步党在1912年、1924年所产生的影响。某种意义上,人民党是美国政坛最后的第三党,此后的第三方力量大概只能够起到一些不甚重要的干扰作用,正是人民党的消亡,才宣告了民主、共和两党世纪角力的正式开启。

---

① 伍德罗·威尔逊政府对于布赖恩政治成就的塑造非常重要,这是布赖恩唯一一次担任重要政府实职。威尔逊本人并不喜欢布赖恩,他曾经开玩笑地提议,"我们能不能做点什么,既严肃又有效,一劳永逸地把布赖恩先生敲成一只不会讲话的三角帽"。但威尔逊是典型的技术型官僚,对于合理政治倡议能够放弃党派偏见积极采纳,布赖恩政治生涯晚期积极提倡的禁酒令于1920年在威尔逊政府颁布,对工人阶层的保护政策也成功在国会完成立法,威尔逊政府同时积极采用了布赖恩主义的反托拉斯观点。详见 "The Bryan Burden," *The New York Times*, January 9, 1912, accessed February 3, 2020, https://timesmachine.nytimes.com/timesmachine/1912/01/09/100507361.html?pageNumber=12。

② 李剑鸣:《大转折的年代:美国进步主义运动研究》,天津教育出版社,1992,第82页。

（二）"大佬党"崛起与共和党世纪基本盘的确立

毋庸置疑，在19世纪最后十年，是共和党牵引着美国国家命途的前行路向。作为南北战争的胜利一方，共和党的政党优势在战后并未充分彰显，甚至在相当长的时间内在总统选举和国会选举中居于劣势。共和党的"大佬党"地位体现在，面对混乱不堪的第三政党体系，共和党先于民主党发现了先进生产力的发展方向，发现了美国国家历史的注定走向，从旧时代的选民盘面和制度樊篱里跳脱出来，并在1896年美国进入第四政党体系之后一举占据了领跑地位。从重建时代到镀金时代，是共和党人在自始至终牵引美国社会的楔子议题，某种程度上，共和党激进派在重建时代尾声式微，不是因为对林肯的重建大业失去了兴趣，也不是因为民主党的顽强斗争取得了成效，而是由于主流共和党人发现了更为重要、更有意义、更富生命力的国家命题，这个命题就是美国的工业化和现代化。建立一个崭新的工业城市，打造一支能够征服远洋的舰队，打一场能够大发横财的战争是如此具有吸引力，为了完成这一项项新的历史重任，共和党不甚在乎地疏远了农业选民，疏远了国会党争，甚至某种程度上疏远了选举政治本身。麦金莱总统时期，共和党前所未有地与大企业、大资本、大城市绑定在一起。为了支持美国的经济增长和资本滚动，麦金莱任内美国发动了建国以来的第一场帝国主义战争，打败了老牌帝国西班牙，占领了菲律宾、古巴和夏威夷，摆脱了在"东方问题"上的从属角色，单独提出对中国的门户开放政策，初步奠定了21世纪美式帝国主义的霸权雏形。为了保护新兴的民族工业，共和党人在麦金莱任内大力推行高关税，自1897年起美国经济就开始显著回升，农产品价格与工人工资出现同步上涨，1900年失业率出现首次下降,并在随后20年内保持低位。1896年以前,共和党和民主党一样,力图通过宣教自身的政治立场博取选民信任;1896年以后,共和党完全顺应并引领了美国国家生产力的发展节奏,选民选择共和党,就是选择工业化、现代化本身,就是选择改革主义和进步主义,这使得共和党获得了自内战结束以来从未有过的政党合法性,并由此开启了美国选举政治史上最长的连续统治期。

在19世纪末期,共和党先于民主党完成了世纪基本盘的塑造,这个依附于大城市、大企业、大资本,由工商业者、知识分子、技术工人和有产农民组成的保守派联盟,在20世纪的头30年纵横捭阖、无人可挡。如果不是老罗斯福在1914年卷土重来分离了选票,民主党很可能在整整三分之一个世纪的总统选战中无所斩获。这一基本盘诞生于美国工业化和现代化的关键节点,直接指引了21世纪的美国国家命途,在此后的100年里,除了知识分子选民群体转移到了民主党阵营,其余基本盘均体现出极强的稳定性。即便遭遇了罗斯福新政的重创,艾森豪威尔在战后为共和党再次捡起的还是这一盘面,里根在20世纪80年代重塑共和党保守主义也是基于这一盘面,2016年特朗普令人震惊的胜选仍然受益于这一盘面。

某种程度上,今天我们所看到的美国选举政治格局与19世纪末有着惊人的相似:民主党在1876年和1888年总统选举中获得了更多的选票,但囿于选举人团制度而最终落败,这与2000年和2016年民主党的惜败完全一致;1892年代表民粹主义的人民党横空出世,决定性地打破了美国选举政治时局,直接造成了两党政治路向的两极分化,120年后,桑德斯与特朗普分别代表左右两派继承了布赖恩的民粹主义衣钵,桑德斯与布赖恩一样被视为在错误时代闯入的"社会主义者",而特朗普对共和党的经久性改造某种程度上甚至超出了布赖恩;1893年美国经历了前所未有的"大恐慌",接踵而至的便是1896年的关键性选举。现在来看,历经了2020年的疫情灾难,美国内部政治经济体系的脆弱性已经显著暴露,一场21世纪的"大恐慌"很可能已经在不远处酝酿,如果历史再次往复,一场新的关键性选举注定会在临近的总统选举中如期到来。第四政党体系诞生于一个旧世纪的尾端,直接引领了一个新世纪前三分之一的政治议程,如果不是发生了极其重大的社会变故,共和党人不会如此轻易地失去自己苦心经营的世纪基本盘。在20世纪30年代,这种连续性的重大社会变故如神谕般接踵而至,革命性地将美国送入下一个政党体系,这些社会变故中的主要部分是"大萧条"、罗斯福新政和二战。

第三章　罗斯福新政与民主党世纪基本盘的塑造

一、"大萧条"与共和党的盛极而衰

2020年总统选举的竞选阶段，面对新冠肺炎疫情暴发和经济衰退，民主党候选人拜登制定了积极的救市政策，提出了4000亿美元的政府采购计划和3000亿美元的科技研发支出计划，并表示执政后将推出一系列市场干预法案。在宣讲民主党的执政纲领时，拜登明确表态，这些政策的规格要全面对标一个世纪前民主党中兴之际的罗斯福新政。① 有趣的是，从选民盘面看，由少数族裔、蓝领工人、知识分子、城市选民组成的拜登基本盘与当年的罗斯福基本盘毫无二致。事实上，历数第七政党体系的民主党政府，无论是奥巴马精心构筑的"彩虹联盟"，还是克林顿引以为傲的"新新政联盟"，其基本轮廓始终没有跳脱出罗斯福在1932年创下的新政基本盘。从政党纲领看，一个世纪过后，民主党的政党形象仍旧是一个代表美国工人利益的政党、一个彰

---

① Abby Goodnough and Sheryl Gay Stolberg, "Joe Biden's COVID Response Plan Draws from FDR's New Deal," *The New York Times*, October 14, 2020, accessed June 5, 2020, https://www.nytimes.com/2020/10/14/health/covid-biden-pandemic-plan.html.

显"进步价值"的政党、一个满负包容精神的政党,这是罗斯福在1932年竞选时所力图呈现给美国选民的,也是拜登在2020年竞选时所竭力区别于特朗普的。历史证明,罗斯福毫无疑问是当代民主党的建党之父,较之于麦金莱在1896年确立的共和党基本盘,民主党的选民盘面体现出更加强大的持续性、稳定性和影响力,仍然令当代民主党人深深受益。

　　回头再看,民主党世纪基本盘的塑造来之不易,且具有相当大的历史偶然性。重建时代结束后,民主党从共和党手中抢得了"老南方"阵地,凭借与奴隶州天然的血脉联结,在十余年的时间里安守一隅、坐吃山空。直至镀金时代末期,民主党才凭借与人民党的联合,勉强在西部白银运动受益州扩张腹地。1896年关键性选举结束后,共和党基本完成世纪基本盘的组建,同期民主党人取得的成就寥寥无几,共和党通过支持资本扩张和进步运动成功在世纪之交为自身贴上了工业化和现代化的标签,民主党则始终与旧时代紧紧绑缚在一起,整个政党形象显得守旧而缺乏生气。20世纪前30年,民主党除了在威尔逊时期借助共和党的分裂赢得两次竞选,除此之外一无所获。1920年,随着哈定率领共和党卷土重来夺回总统宝座,威尔逊为民主党人短暂标榜的理想主义信仰被彻底终结,《国联条约》草案在参议院遭遇惨败,国际孤立主义死灰复燃,国内自由放任主义再次回潮。此后接连三届总统选举,共和党人牢牢把控着整个国家的选举政治生态,构筑了整个20世纪美国最为弱势、最显古板、最守成规的三届共和党政府。① 由于一战结束后美国经济复苏动力很强，加之共和党人坚定捍卫自由市场信条，美国出现了长达十年的经济繁荣，共和党的选情也一路水涨船高，直至胡佛竞选时期甚至取得444张选举人票的恐怖优势。一战发生以前，民主党人尚可在布赖恩的率领下与共和党人就政党纲领进行激情论辩。战争结束后，连同威尔逊主义的覆灭，民主党在政党前进路向这一根本问题上彻底失去了方向感。

如果不是1929—1933年"大萧条"，如果不是富兰克林·罗斯福的及时出现，民主党的世纪基本盘完全无从构建，1932年总统选举决定性地改变了这一切。自美国内战以来，共和党人在1932年以前的18次总统选举中收获了14次胜利，占据绝对优势；难以想象，罗斯福在1932年的胜选，竟然是1852年皮尔斯以来，第一位凭借获得普选票多数而当选的民主党总统。然而1932年以后，直至里根当选，民主党人在36年的时间里控制白宫28年；除了在1946届、1952届国会参议院改选中短暂失手，民主党人还同时在整个周期内压倒性控制了整个立法机构。1932年总统选举中，罗斯福以472张选举人票的巨大成绩回击了胡佛4年前拿下的444票；4年后，罗斯福在连任竞选中又以523张选举人票刷新了自己刚刚创下的纪录。如果说罗斯福在1932年的胜利多少有些侥幸，更多体现的是选民对胡佛和共和党的遗弃，而不是对

---

① 在第四政党体系尾声，共和党政府馨享于无为而治的放任状态，总统让渡大量行政权力，国会权势陡然增强。1920年共和党全国代表大会上，参议员亨利·洛奇在通知哈定被提名为总统候选人时，曾向下任总统提出具有通牒意味的条件。他提醒哈定，"宪法制定者们试图协调政府的三个组成部门，以防止任何一个部门篡夺或侵犯另一个部门的权力"，"依照这样的精神，我们心照不宣，你将着手开始你伟大的职责"。哈定对洛奇的通牒没有任何反感，他的两位共和党继任者柯立芝和胡佛也持同样态度。详见西德尼·米尔奇斯、迈克尔·尼尔森：《美国总统制：起源与发展（1776—2007）》，朱全红译，华东师范大学出版社，2008，第262页。

罗斯福和民主党的拥戴，那么1936年的选举则完完全全是对罗斯福新政的全面肯定，60%的普选票得票率是美国选举史上总统候选人所能够获得的最高比例。与此同时，两党在国会的实力对比也已经彻底失衡，在罗斯福新政的最高光时刻，共和党在参众两院分别只剩下16个和89个议席，议员比例已分别降至六分之一和四分之一，创下了重建时代以来的最低比例。无论从任何角度来看，1932年总统选举毋庸置疑堪称一场标准意义上的关键性选举。这次选举过后，"自由"一词在美国的政治话语体系中，专门用来指代新政联盟的支持者，而"保守"一词则专门用来指代他们的反对派。在后罗斯福时代，从杜鲁门的"公平施政"、肯尼迪的"新边疆"到约翰逊的"伟大社会"，接连几届民主党政府无不是在按照罗斯福确定的政党路向扩张自由主义工程和新政选民联盟，甚至连艾森豪威尔的"现代共和主义"在本质上也无非是罗斯福新政的自然延续。[①] 共和党在19世纪末抓住了美国工业化和现代化的历史机遇，确立了长期执政的巨大合法性，最终由于1929—1933年"大萧条"的出现，盛极而衰、急转直下，根本性改变了整个政党的前行路向。罗斯福在美国陷入国家灾难的关键时刻出现，以政府直接干预的方式直面选民关注的楔子议题，以极富包容性的政党纲领成功集聚了规模庞大的选民联盟，将亚当斯主义、汉密尔顿主义的灵魂重新带回美国社会，决定性奠基了美国在20世纪的自由主义工程，为民主党铺平了第五政党体系的前行路向，其影响力直接传导至近100年后的今天。

[①] 约翰逊曾经盛赞艾森豪威尔的就职演说是20年来对民主党纲领的最好声明，通过这种方式嘲笑艾森豪威尔是一个没有独立立场的中间派。详见约翰·米克尔思韦特、阿德里安·伍尔德里奇：《右派国家：美国为什么独一无二》，王传兴译，中信出版社，2014，第37页。

二、第五政党体系的楔子议题

(一)放任的政府还是干预的政府?

关于政府的权力边界,共和党与民主党、保守派与自由派自美国建国以来始终有着截然不同的看法。在20世纪的前30年,这一问题集中体现为国家干预经济的合法性问题,两党及其所连带的选民在这一问题上泾渭分明、互不相让,迫使历届总统必须在这一问题上亮明自身态度。比如,持进步立场的老罗斯福的观点是"除非某项行为被宪法和法律明确禁止,否则总统就有权利和义务去做任何对国家有益的事情"。[①] 而他的继任者、后来做了联邦首席大法官的塔夫脱总统则固守共和党的传统理念,认为"如果一项权力无法合理且适当地追溯到宪法的某一项具体的授权……那么总统将不能行使这项权力"。[②] 在塔夫脱看来,总统并没有不受限制的权力去推动那些在他看起来有益于公众的政策,这也是造成二者最终分道扬镳的根本原因。

从法无禁止皆可为到法无授权不可为,不仅是共和党两任政府间发生的立场蜕变,也是整个第五政党体系民主与共和两党的根本政治分野。一战结束后,整个美国社会流溢着资本扩张、经济增长的热望。1920年,哈定在其总统竞选演说中乐观地认为,其任内的主要目标是尽快消除战争影响,推动国家恢复到"正常状态"。战后严重的通货膨胀和生产过剩并未引起决策层的足够

[①] Theodore Roosevelt, *An Autobiography* (New York: Charles Scribner's Sons, 1913), p. 537.

[②] Jefferson H. Powell and William H. Taft, *Our Chief Magistrate and His Powers* (New York: Columbia University Press, 1916), pp. 156-157.

重视,哈定决意让经济放任生长,让"看不见的手"自动发挥作用。这一施政纲领在柯立芝政府时期得以沿承,"美国是一个商业国家,所以它需要的是商业政府。修建了工厂就是修建了教堂,在那里工作就是在那里祈祷"。在柯立芝任内,无为而治的政治哲学发挥了其所能拥有的最大效用,美国实现了20世纪以来最长时段、最为稳定的经济繁荣。到了胡佛政府时期,美国社会的经济通胀已经有了明显征兆,胡佛采取了一系列措施试图平抑通胀,但共和党人坚守的行政权力界限始终非常明确,认为解决问题的办法不在于扩大联邦政府的权力,而在于利用总统和行政机构权力,鼓励私人部门做出更加公正和理性的经济调整。在胡佛政府推行的各项救市措施中,依循的全部是自愿原则,他拒绝在1929年召集的国会特别会议中发挥领导作用,并否决了国会拟定通过的20亿美元救济法案。从头至尾,胡佛始终满怀希望,认为自己所谓的"不屈不挠的个人主义"终将使其成为真正的赢家。①

随后而至的"大萧条"对胡佛的总统任期、对两党的选民联盟、对美国的国家命途都产生了深远的影响。小施莱辛格在《罗斯福时代:旧秩序的危机》中对于"大萧条"后的美国社会状况进行了描述:"1929—1932年,美国农业收入下降70%、汽车制造量下降65%、股票市值下降80%,工业生产的陡然下降造成1300万美国人失业,失业人口比率高达24%。'工厂像死亡的火山,一片沉寂,阴森可怕','整个国家处于极度绝望的情绪之中','美国大陆到处弥漫着恐惧和惊慌'"。② 对于共和党来讲,

---

① 威廉·曼彻斯特:《光荣与梦想:1932—1972年美国叙事史》第一卷,四川外国语大学翻译学院翻译组译,李龙泉、祝朝伟校译,中信出版社,2015,第31—32页。

② Arthur M. Schlesinger, Jr., *The Age of Roosevelt: The Crisis of the Old Order, 1919-1933* (Boston: Houghton Mifflin, 1957), pp. 1, 3.

这一状况是共和党接连三届政府笃信放任主义的必然结果。在1931年的国情咨文中，胡佛曾经对极为糟糕的经济形势做出回应，他在彼时仍然坚定认为，联邦政府不应该太多介入经济领域，即使介入也是暂时的和逼不得已的；救济穷人不需要联邦政府进行投入，地方政府以及私人捐款就可以处理这个问题。即便在离任以后，胡佛仍然在为共和党的执政纲领进行辩护，认为"立法机构的削弱会导致行政机构对立法和司法职能的侵害，从而不可避免地损害个人自由"。① 但问题在于，共和党的选民基本盘同样是"大萧条"的受害者，在弥漫于整个社会的灾难面前，共和党选民关注的重心已经不再是个体自由，而是个体福利，整个国家的楔子议题已经转变为政府治理而绝非政府放任。胡佛政府拒绝在这一根本问题上改变态度，不仅葬送了自己的政治命途，葬送了共和党的政党纲领，更是直接葬送了麦金莱在1896年为共和党塑造的世纪基本盘。

"大萧条"的出现是民主党千载难逢、逆天改命的历史机遇，民主党重塑党运的根本出路在于拼尽全力攻击共和党的关注最为薄弱的楔子议题。早在1932年竞选期间，罗斯福就坚定亮明民主党的干预主义立场，他指出现代政府的任务就是"帮助形成一个经济权利的宣言，建立一种经济宪法秩序"。② 对于美国社会正在面临的经济灾难，罗斯福在就职演说中讲道，"人们希望无须改变行政和立法部门之间的正常平衡，即足以应付摆在我们面前的史无前例的任务。然而，一旦国会不能采取这两种路线中的任何一

---

① Herbert Hoover, *The Challenge to Liberty* (New York: Charles Scribner's Sons, 1934), pp. 125-126.
② Samuel I. Rosenman, *The Public Papers and Addresses of Franklin D. Roosevelt*, Vol. 1, 1938-1950 (New York: Random House), pp. 751-752.

种，而国家的紧急状况仍然刻不容缓，那我就不会回避摆在我面前的履行责任的明确方针。我将要求国会赋予我广泛的行政权力发动一场对付紧急状况的战争，这种权力之大，就如同我们真正遭到外敌入侵时所能给予我的权力那样"。①罗斯福胜选后，两党在关于政府是否拥有干预市场权力这一问题上仍然未达成统一意见，败选的胡佛在卸任前警告美国民众，"这场竞选不只是两个男人之间的较量，也不只是两党之间的较量，更是两种政治哲学之间的较量"，"罗斯福主导的新政团体将实施中央集权，凭借紧急状态下的特洛伊木马摧毁美国自由民主的大坝"。②在总统宣誓就职过渡期，两党爆发了一场火药味十足的激烈争论，争论焦点就在于是否有必要组建一届应对紧急状态的政府，来克服民主制最大的软肋——立法权产生的问题。

一切质疑都在民主党执政后彻底烟消云散，在政府权力的边界这一核心问题上，罗斯福没有任何犹豫，短时期内迅速制定了《紧急银行法》《农业调节法》《国家工业复兴法》《社会安全法》等一系列救市法案，大幅扩张了政府的行政权力，提高了行权效率。这次新政的显著特点在于：第一，所有法案几乎都是由行政部门详细起草的；第二，在上述法案通过的程序中，既保留了国会的立法形式，也没有违反正式的制度和条例，只是将立法的推进过程大大简化，11项最重要的法案辩论时间整体也没有超过4个小时；第三，新政推行最为明显的特点在于，大量权力从立法

---

① Franklin D. Roosevelt, "Declaring 'War' on the Great Depression," first inaugural address, March 4, 1933, accessed June 7, 2020, https://www.presidency.ucsb.edu/documents/inaugural-address-8.

② Herbert Hoover, "Against the Proposed New Deal," an address at the Madison Square Garden in New York City, October 31, 1932, accessed June 7, 2020, https://www.presidency.ucsb.edu/documents/address-madison-square-garden-new-york-city-2.

机构移交给行政部门，极大扩展了联邦行政机构的权力，很多权力是它以前从未得到过的。① 新政推行的最大意义在于，它成功避开了当时萦绕于美国民众心头的核心忧虑，即是否只能通过社会主义或者法西斯主义路线才能实现国家权力集中，民主党人以极富开创性的政策措施给出了答案，有力论证了西方自由民主制国家如何在不违背宪法精神的前提下实现权力集中。最终，美国选民以自己手中的选票支持了罗斯福的新政联盟，也支持了民主党的政党纲领。一项研究显示，新政为美国社会带来了巨大的政府支出，同时也在1936年罗斯福的连任选举中转换为5.4%的选票增幅，并在长期内为民主党带来了2%—2.5%的选票增幅，罗斯福新政为民主党带来的长期正向效益是极为可观的。②

三、第五政党体系的政党选民联盟

（一）从工农联盟向城市进发

20世纪20年代，美国经济蒸蒸日上、繁华涌动。一战结束后，美国工业总产值疾速增加了72.4%，同期人口只增加了12%，人均劳动生产率提升到一倍以上，整个社会在共和党的连续执政下洋溢着无与伦比的战后自信，"看不出有任何东西可以阻碍美国享受贸易史上前所未有的繁荣"。③ 然而与此同步，在繁华

---

① 艾拉·卡茨尼尔森：《恐惧本身——罗斯福新政与当今世界格局的起源》，彭海涛译，山西人民出版社，2018，第160页。

② Shawn Kantor, Price Fishback and John Wallis, "Did the New Deal Solidify the 1932 Democratic Realignment?" *Explorations in Economic History: New Views of Roosevelt's New Deal* 50, iss. 4 (2013): 620–633.

③ Tracy J. Sutliff, "Revival in All Industries Exceeds Most Sanguine Hopes," *New York Herald Tribune*, January 2, 1925, p. 1.

盛世背后，经济分配不均、阶层分化加大、种族对立严重等社会问题始终在暗流涌动，影响着不同利益群体的民心向背。首要问题就是农业的持续萧条。一战结束后，国际农产品市场需求大幅下降，国内技术革新导致农业供给增加，主要粮食作物价格连年下跌，农场大量破产、农业人口严重流失、农村土地价格持续下降。早在1921年，来自主要农业州的国会议员就组成了"农业连线"，敦促政府出台农业补贴和保护出口法案。尽管共和党政府先后通过了《紧急关税法案》《霍利—斯穆特关税》等法案，但对于保护农业发展、提振农产品价格作用甚微。"大萧条"前夕，《麦克纳里—豪根法案》多次提交国会审议，建议政府成立国有农产品公司，给予农产品高于市场的收购价，但均被柯立芝总统否决。整个20年代，在东北部和西部地区受益于工业大发展尽享繁华的同时，分布在南部和中西部的农业选民则正在忍受煎熬。20世纪30年代初，美国农村人口占全国总人口的25.1%，西部大平原地区六大州680多万居民有将近74%的人口生活在农村地区，这是一股不可忽视的选举力量。然而，麦金莱1896年确立的共和党世纪基本盘的核心是工业和工人选民，在战后美国工业化进程疾速前进的年代，共和党连续三届政府持续忽视农业选民的利益诉求，直接放弃了1932年选举中的最大选民群体。从选后各州的投票情况来看，农业州对共和党支持度的下降幅度普遍高于其他各州。

  与此同时，由于战后国内劳动力市场显著分化，工业选区的选举平衡也出现了微妙变化。整个战争期间，由于工业需求急剧增大、国内劳动力严重不足，新增了大量的产业工人，行业工会的力量得到迅速壮大，工会组织成为引导工人选民偏好的重要风向标。对于共和党而言，资本家是选举的大金主，工人维权意识的增强和工会组织的壮大既令资本家感到不安，也给共和党在工业选区的基本盘带来不稳定因素。特别是战后一些工会组织积极宣传共产主义思想，引发了整个统治阶层的高度警惕。在共和党政府的默许和支持下，一些大企业开始尝试建立企业工会、积极开展职工福利计划，表面上希望巩固发展忠诚、稳定的员工队伍，实际上则要求任何雇员只要参加企业工会，就不得加入行业工会或者全国劳工联合会，意图从根本上削弱工会组织。这一措施起到了显著效果，整个20世纪20年代，美国劳工联合会的会员人数急剧下降，从1920年的408万人下降至1932年的253万人，105个组织出现了显著的规模萎缩，其中36个组织丧失了征收会员的资格。① 共和党政府出于保护大资本家的阶级本能，重拳打击了与资本家站在对立面的工人选民，忽视了这部分选民群体日益增强的权利意识和选举诉求，这给民主党在工业选区的壮大带来了机遇。1932年总统选举中，工会组织与民主党人坚定站在了一起，将80%的选票投给了罗斯福，并且在此后的一个世纪里再也没有与民主党分开过。

在农业选民与工人选民以外，美国战后不断发展壮大的中产阶级也成为这次选举的重要力量。在世纪交替之际，由于共和党代表了先进生产力的发展方向，老罗斯福治下的共和党人又发动了具有启蒙性质的进步主义运动，美国社会的作家、学者和艺术家等知识分子的天然归属党派在很长时间里都是共和党。这一状况在1912年老罗斯福与塔夫脱内讧后出现了严重分化，塔夫脱派的中坚力量依然控制着政党机构，而由进步人士和知识界共和党人组成的公民派则处于无家可归的流放状态，并逐渐开始向民主

---

① 福克纳：《美国经济史》下册，王锟译，商务印书馆，1983，第351页。

党方向靠拢。在知识分子看来，美国之所以在短期内遭遇了两大国家灾难——"大萧条"与二战，共和党的两大政治信条——国内放任主义和国外孤立主义要承担历史责任。在罗斯福带领美国走出阴霾的晦暗时代里，民主党的新政政策对于城市选民、中小工商业者和知识分子产生了巨大的吸引力，美国新生的中产阶级选民大量加入民主党阵营。在1936年，美国国内人口数量超过10万人的106座城市中，70%的城市选民最终将选票投给了罗斯福和民主党。① 通过上述调整，在罗斯福时代，民主党最终成功将自身打造为一个由"穷人、南方人、非洲裔、工会成员、天主教徒以及12个大城市居民组成的政党"。②

（二）从"老南方"向西部扩张

伴随着选民基本盘的全面扩大，民主党在1932年选举中历史性地将核心选区从"老南方"向西部和中西部扩张，初步构建了民主党蓝营腹地的基本轮廓，并在罗斯福的几次连任竞选中不断固化优势选区，除了缅因州和佛蒙特州外，罗斯福在自己的时代得到过几乎所有州的支持。

首先是南部。在罗斯福时代，南方地区刚刚开始萌动由奴隶社会向工业社会的艰难转型，经济基础极为薄弱，社会阶层高度固化。历史学家范恩·伍德沃德曾在《南部历史的负担》一书中

---

① Richard J. Jensen, "The Last Party System, 1932-1980," in Walter D. Burnham, Ronald P. Formisand, Samuel P. Hays, Richard Jensen, Paul Kleppner and Wiliam G. Shade (eds.), *The Evolution of American Electoral Systems* (Westport, CT. : Greenwood, 1981).

② Robert Axelrod, "Where the Votes Come From: An Analysis of Electoral Coalitions, 1952-1968," *American Political Science Review* 66, iss. 1 (1972): 11-20. 转引自刁大明：《身分政治、党争"部落化"与2020年美国大选》，《外交评论》2020年第6期，第57页。

指出,南部地区至少有四个在他看来是显著区别于这个国家其他地区的突出特点:南部的贫困同美国的富裕是不同的,南部的失败同美国的成功是不同的,南部的内疚与悲观同美国的无辜和自满是不同的,南部的乡土观念与环境要求同美国的抽象观念和自由散漫是不同的。① 1938年出版的一份《南方地区经济状况报告》详细描绘了这一地区的贫困状况,该报告称,"自从南北战争开始,南方地区就一直是全国最贫穷的地区。这一地区最富裕的州人均收入低于其他地区最贫穷的州。1937年全国人均收入为604美元,南方仅为314美元,大约相当于全国人均收入的一半。南方农民的年均总收入仅为186美元,而其他地区为528美元。在种植园地区,佃户每年的人均劳动收入为73美元。合伙租赁户人均收入在38—87美元,年收入87美元意味着每天的生活消费刚刚超过10美分"。报告总结到,南方的贫困"堪比欧洲最贫穷的农民"。② 然而在政治上,"老南方"则是民主党的中兴之地,奴隶制和农业两大要素紧紧地将民主党与这一地区的白人选民维系在一起。基在其著作《南方政治中的州与国家》中曾经提出"南方一党制"概念,指出"这是一种有着双重人格的奇怪制度。在州域政治中,民主党除了在多重政治派别之间争权夺利,几乎没有什么党派意识。但在国家政治中,情况恰恰相反,民主党变成了团结稳固的南方党派"。③ 在共和党连续执政的第四政党体系,民主党只能凭借整合南方党派勉力与共和党抗衡,民主党在南方以

---

① C. Vann Woodward, *The Burden of Southern History* (Louisiana: LSU Press, 2008).

② The National Emergency Council, *Report on Economic Conditions of the South* (U.S. Government, 1938), p. 22.

③ V. O. Key, Jr., *Southern Politics in State and Nation* (New York: Alfed A. Knopf, 1949), p. 315.

外的国会议员候选人只能获得大约40%的民众选票,而南方地区的候选人得票率从来没有低于86%,国会中三分之二的民主党代表来自南方选区。① 凭借南方选民人数的不断增多,民主党甚至一度在国会占据了统治优势。罗斯福当选总统后,为了保持南方选区稳定,在最为敏感的种族问题上刻意选择了回避。尽管其他方面的历史性成就卓著,但在平权问题上,罗斯福政府是美国种族矛盾衍生积聚过程中一届碌碌无为的政府。在美国历史上,新政时代是最后一个允许人们在言行中合法公开表达种族主义立场的时代。新政在扩大国内自由民主,致力于促进全球自由民主政治发展的过程中,与南方的种族主义统治者开展了更为紧密的合作,这使得民主党在南方腹地的地位比此前更加稳固。罗斯福首个任期,众议院47个委员会中,29个委员会的主席由南方代表担任;参议院33个委员会中,13个最为重要的委员会主席也是南方代表。1936年总统大选,罗斯福以61%的极高得票率获得压倒性胜利,此中最为重要的原因在于南方各州平均75%的得票率使得选举绩效大幅拉升。其中,亚拉巴马州、佐治亚州和得克萨斯州对其再次当选的支持率为87%;路易斯安那州为89%;密西西比州和南卡罗来纳州的支持率竟然分别高达97%和99%。相较而言,1916年伍德罗·威尔逊的连任竞选中,南方各州的支持率仅为61%。② 罗斯福在阶级出身、政治立场上并非标准意义上的"老南方"候选人,但在整个四届政府任期,罗斯福始终高度重视与南方代表的战略合作,以保障新政顺利推动,罗斯福与"老南方"

---

① Donald Gross and David Breaux, "Historical Trends in U. S. Senate Elections, 1912-1988," *American Politics Quarterly* 19, iss. 3 (1991): 295, 300.

② 艾拉·卡茨尼尔森:《恐惧本身——罗斯福新政与当今世界格局的起源》,第18、198、221页。

选区是相互利用的共生关系。

然后是西部。1932年，民主党历经在南方腹地半个世纪的蛰伏后首次向西部选区出击，罗斯福历史性地将大量西部摇摆选区划入蓝营，其博取选民支持的主要手段是大兴水利、发展经济。尽管胡佛总统被普遍视为密西西比河以西诞生的第一位总统，然而他并未为自己的选民基本盘带来西部基因。反倒是罗斯福，从加利福尼亚河流改道、修建胡佛大坝到开展田纳西河流域治理，刻意将一大批公共工程选址确定在西部地区，极大推动了西部农业、水利、采矿和石油工业的发展，大大提高了多个西部流域周边的居民收入。密西西比州众议员约翰·兰金曾讲过，田纳西河流域治理项目"通过水力发电产生的价值将超过美国内战后全部被解放的黑人奴隶劳动力所创造价值的总和"。[①] 与此同时，罗斯福为中西部工业区的蓬勃发展带来福音，新政对产业工人的保护赢得了大批工人选民的支持，这带来了多个工业州的选举翻盘，密歇根州、明尼苏达州均是历史上首次背弃自身的政党忠诚选择了民主党。在罗斯福任内，西部各州在参议院的话语权明显扩大，议员席位由原来的34个扩展到38个，国会影响力显著增强。自1951年起，连续三任两位民主党领袖麦克法兰（1951—1953年）和约翰逊（1953—1961年）均来自西部，参议院共和党领袖也有两位来自西部。

此外，黑人选民的立场转变堪称这次大选中最为重要的变化。南北战争以后，出于对林肯解放黑奴的感激，黑人选民从来都坚定地将选票投给共和党。"那时候要是有黑人敢投票给民主党，就会有孩子当街拿石头砸他"。罗斯福根本性地改变了这一

---

① 艾拉·卡茨尼尔森：《恐惧本身——罗斯福新政与当今世界格局的起源》，第338页。

切,"让耶稣指引我,让福利养活我"成为"大萧条"时期黑人的一句口号。①1932年总统选举是美国历史上黑人选民最后一次支持共和党总统候选人。伴随着南北经济差异的日渐加大,越来越多的黑人选民从南方向北方迁移,并同步迁移了自身的政治立场,罗斯福少数族裔选民基本盘的塑造,就是从1936年黑人选民转向民主党阵营正式开启的。

四、第五政党体系的政党政治格局

(一)新政联盟与保守联盟的经久对抗

从1929年胡佛出任总统到1936年罗斯福首个任期结束,美国的经济和社会面貌发生了翻天覆地的变化,民众生活从欣欣向荣到跌落谷底再到最后成功走出阴霾,罗斯福和民主党成为挽狂澜于既倒、救美国于危难的国家英雄。通过这场意义深远的选民救赎行动,罗斯福新政对选民的政治信仰、政策诉求、阶层利益产生了分化作用,总统行政权的持续扩大也引发了民主政体护卫者的本能警惕。绝大部分政策受益者顺其自然成为新政支持者,但仍有相当部分的利益受损者、权力畏惧者选择了站在新政的对立面。纵观第五政党体系的选举政治格局,这两股力量的对峙在罗斯福时代导致了民主党的分裂,在后罗斯福时代成功孕育了美国保守主义,其衍生效应贯穿整个第六、第七政党体系,自由主义和保守主义的经久对抗与民主、共和两党的党派缠斗同步并行、相互作用,最终成为美国选举政治中一条跨越世纪的逻辑主线。

---

① 白修德:《美国总统的诞生》,舒琦、赵仁涛译,中信出版社,2016,第299页。

按照美国政治学界的划分，1932—1935年被界定为第一新政时期，罗斯福在这一时期的主要政策目标集中于推行产业救济，通过强有力的市场干预为华尔街的大资本家和南部大农场主提供担保支持，整个政策推行在立法和执行层面非常顺畅，也得到了产业界的热烈回应，1933年《国家经济复兴法》颁布实施，此后三年美国经济年增长率分别达到9%、10%和14%，全国失业率由1933年的25%下降到1936年的17%，这段时期被小施莱辛格称为"罗斯福与垄断资本家的蜜月期"。在威廉·曼彻斯特看来，"纵贯整个第一新政时期，国会心甘情愿地为罗斯福服务，授予总统权力之巨大前所未有，凌驾一切！德国国会给予希特勒的权力，也仅止于此"。① 然而在1935年以后，美国进入第二新政时期，经济基本面企稳回升后，罗斯福寻求进一步巩固扩大自己的核心政治基本盘，将执政目标调整为彻底革除制度弊端、重新分配社会财富，并着手制定了《证券交易法》《银行法》等一批相对激进的改革法案，这严重冲击了垄断资本家的利益。自1934年下半年起，华尔街开始调转风向反对新政，积极游说国会中的保守派议员，寻求在立法上遏制总统不断扩张的权力范围和政治雄心。1935年5月，保守派占据多数的美国最高法院宣布罗斯福新政的基石《国家经济复兴法》违宪，民主党保守派对罗斯福坦言，"既然危机已过去，改革已经不适合现在的美国状况"。② 1936年总统大选后召开的首次国会会议上，民主党党内对于"新政"方

---

① 威廉·曼彻斯特：《光荣与梦想：1932—1972年美国叙事史》第一卷，第107页。
② 威廉·爱·洛克藤堡：《罗斯福与新政（1932—1940）》，朱鸿恩、刘绪贻译，商务印书馆，1993，第313页。

案的反对人数增加了一倍,① 难以想象,这一状况是在罗斯福刚刚为自己所在的政党赢得一场空前绝后的大胜后出现的场景。事实上,纵贯整个第二新政时期,罗斯福的几项重大法案接连被司法系统阻挠,迫使总统强力推行"最高法院改组计划",尝试以总统行政权挑战司法独立——"必须采取行动从宪法中拯救宪法,从法院中拯救宪法"。② 历史最终证明,罗斯福在这一问题上的激进态度产生了极为深远的政治影响,不仅在相当程度上葬送了新政的政绩和威望,而且直接激发了整个敌对阵营的反对力量,来自民主党内部的保守派议员与国会共和党人、法院共和党人站在了一起,建立了影响力极为深远的"保守主义联盟"。按照詹姆斯·帕特森的观察,该联盟"汇集国会内部反对联邦行政权与官僚制度扩张的力量,通过降低财政赤字、批判产业工会、谴责福利项目,将美国回调至1933年以前的保守时代"。③ 1937年,北卡罗来纳州的民主党参议员乔赛亚·贝利公开发布"保守主义宣言",要求平衡联邦财政预算、保障州权、结束工会的暴力和胁迫,④ 标志着民主党内部对新政的支持出现罅隙,民主党的派系分裂正式公开化。

面对保守主义的围剿,罗斯福并没有束手就擒,而是率领新政联盟启动了更为恣肆的政治反攻。1938年的国会中期选举,罗斯福大胆干预了州长和基层的选情,试图清洗民主党内部的新政

---

① James T. Patterson, *Congressional Conservatism and the New Deal: The Growth of the Conservative Coalition in Congress, 1933-1939* (Kentucky: University of Kentucky Press, 1967), p. 160.

② "Fireside Chat on Reorganization of the Judiciary," March 9, 1937, *Fireside Chats, Episode 9*, Franklin D. Roosevelt Presidential Library and Museum.

③ James T. Patterson, *Congressional Conservatism and the New Deal*, pp. vii–viii.

④ Congressional Record, 75th Congress, Second Session, 1, pp. 934-937.

反对派。这一鲁莽行径再次遭遇惨败，1938年国会中期选举成为罗斯福选情的重要转折点，共和党在这一轮选举中取得了一场至关重要的胜利，在参众两院分别获得6个和80个席位。尽管在国会议员总体数量上仍然远远落后于民主党，但这是共和党在新政鼎盛时期取得的令人意外的胜利，反映出罗斯福的选民基本盘对1937—1938年的短暂经济衰退、对罗斯福强硬改组最高法院、对总统权势的持续扩张同样心存疑虑，并尝试通过手中的选票支持制约总统的力量。从选举结果看，罗斯福苦心孤诣的党内清洗运动并未获得成功，反对新政的力量中最终只有两名议员被撤换，大多数仍然得到了连任。从选民情绪看，1938年的民意测试显示，总统在成功保持声望不堕的同时，其施政方法和能力已遭到质疑，虽然约62%的选民仍然支持他，但那些认为罗斯福至关重要的选民占比已经从34.9%下降至17.7%。① 中期选举过后，保守派民主党人和共和党人更加心照不宣地在重大经济问题上保持一致行动，携手击败了自由派民主党人的许多提议，反罗斯福力量不但没有消退，反而进一步增强了。以国会影响力最大的外交关系委员会为例，该委员会共有15名民主党人、7名共和党人和1名独立人士，民主党占据绝对上风，但由于保守主义联盟的存在，23名成员中只有12名支持罗斯福新政，派系政治已然超越了政党政治的影响力。事实上，直至1964年《平权法案》正式出台以前，在国会政治角力中，新政联盟几乎从未成为议席上的绝对多数。

---

① 威廉·曼彻斯特:《光荣与梦想：1932—1972年美国叙事史》第一卷，第233页。

(二)新政遗产与民主党世纪基本盘的确立

罗斯福在历史的关键节点为美国带来了一场毫无争议的关键性选举。总体来看,新政基本盘之所以固若金汤、影响深远,主要基于其诞生时的两大复杂背景。其一是百年难得一见的"大萧条"。新政的最大成就在于它充分表明,以法制为核心的自由民主制度在国家遭遇重大危机时,可以有效地实施管理和控制。在与过去彻底决裂的过程中,新政不仅刻意打造了一套全新的政策措施,而且为美国150年前就已经发明的制度模式提供了全新意义和语言表述形式,使得这一制度模式的有效实施成为可能。这一切充分说明,并不是所有的非暴力性改革尝试都注定会以失败告终。[1] 对民主党而言,罗斯福新政是整个政党建党立党的重要政治遗产,为民主党树立了"大政府"和干预主义的基础党铭与政策合法性。正因为有新政极为成功的政治实践在前,约翰逊才敢于在任内推动构建"伟大社会"、克林顿才敢于在里根保守主义勃兴之际铤而走险选择"第三条道路"。其二是将美国带入世界舞台的二战。正如威廉·曼彻斯特所言,"每场伟大的战争都会带来社会变革,像二战这样大规模的战争,注定会给美国带来翻天覆地的变化。1941—1945年,美国经历了变革带来的阵痛,思想、习俗、经济理论、外交政策,以及不同性别的人和社会各阶

---

[1] 艾拉·卡茨尼尔森:《恐惧本身——罗斯福新政与当今世界格局的起源》,第4页。

第三章　罗斯福新政与民主党世纪基本盘的塑造　　73

层关系都在美国国内展开较量"。① 然而从严格意义上讲，这场战争尚无法被算作第五政党体系的楔子议题。罗斯福首次发表总统就职演说时对外交事务只字未提，当有人正式提议美国加入国际联盟时，他也曾置之不理并表示美国什么外交政策都没有。事实上，罗斯福首次将战争议题引入美国、发表著名的"隔离演说"是在1937年，成功修订《中立法案》是在1939年，决定性地出台《租借法案》并推动美国参战是在1941年。这些议题成为深刻影响政党选民互动博弈的楔子议题发生在罗斯福的第二、第三任期，距离关键性选举发生的1932年已经较为久远。然而正如"政党重组期"这一概念所强调的，关键性选举并非在某个特定的历史节点突然绽出，而是在此后的政党平衡周期里实现缓慢转移。从这个意义上讲，罗斯福新政基本盘之所以如此稳固，是因为选民会自动将罗斯福、民主党与美国在二战中取得的辉煌胜利联结起来，从而赋予新政基本盘根深蒂固的历史合法性。正如小施莱辛格所言，在世纪中叶的危难时刻，西方世界在强烈的不确定性和漂泊无依中艰难度日，只有美国人在经历新政之后，获得了自身生存与时代危局之间的缓冲力量。② 如果说麦金莱在1896年带给共和党的是美国的工业化和现代化选民，罗斯福在1932—1948年带给民主党的就是美国的战争选民，某种程度上，新政基本盘

---

① 威廉·曼彻斯特：《光荣与梦想：1932—1972年美国叙事史》第一卷，第40页。在罗斯福看来，二战与"新政"是同等重要的楔子议题。1943年12月28日，开完新闻发布会之后，总统曾向一位没有离场的记者透露，他已经厌倦了"新政"这个词语。他说，10年前，"新政医生"是一名内科医生，治愈了国家内部的急性病。但在1941年12月7日，痊愈之后的病人遭遇"严重事故"，"新政医生"不懂得如何治疗此类疾病，于是将病人交给了"外科医生——战争胜利医生"。详见该书第三卷第43页。

② Arthur M. Schlesinger, Jr., *The Vital Center: The Politics of Freedom* (Boston: Houghton Mifflin, 1949), p. 1.

之所以遍布全国、形成压倒性优势，根本原因是这个盘面在本质上也可称为当代美国的建国盘面。

罗斯福为民主党缔造了无与伦比的世纪基本盘。然而这一盘面并非完美无瑕，正如门肯极为深刻而精湛的评价——"民主党是由处于不稳定共生状态中的天生敌人组成的"。① 在风雨如晦的20世纪30年代，罗斯福将来自各行各业、各个阶层、各个地域的数百万选民——被战争恐惧吓坏了的城市移民、被垄断资本吓坏了的工会工人、被工业革命吓坏了的南部农民、被胡佛式共和党人吓坏了的知识分子——齐齐聚拢在一起，凝结他们的不是具有历史积淀性的政党纲领、意识形态或者理念守则，而是弥漫于社会各个角落的紧张、恐慌与无望。又如伊格内修斯·唐纳利所言，"民主党就像一头骡子，没有祖先的骄傲，也没有后代的希望"。② 从一开始，民主党的执政盘面就基于一种罗斯福创下的实用主义哲学，选民几乎完全受到生存本能的驱动和指引，愿意选择那些能够以某种方式抚慰这些受到惊吓的弱势群体、以某种方式掀起集体盲目冲动的领导人，甚至宁愿让渡自己最为宝贵的个体权利。在晦暗不明的经济萧条和战争年代，这种权利的让渡具有极大的合法性，新政基本盘内部潜藏的矛盾尚且可以被外部恐惧和罗斯福极富艺术性的执政所掩盖。然而当这些国家命题和社会矛盾渐次远去，大批抱团取暖的选民开始逐步苏醒，伸出双手向这个曾经为自己提供了庇佑的组织申请权利的赎回，甚至威胁将重新审视自身的政党偏好，并直接驱动了后罗斯福时代政党选

---

① 转引自约翰·米克尔思韦特、阿德里安·伍尔德里奇：《右派国家：美国为什么独一无二》，第236页。

② 转引自 Theodore H. White, *The Making of the President 1968* (New York: Harper Collins, 2010), p. 789。

民联盟的解体。从数据上看，1944年罗斯福只得到了51.7%的普选票，是其四届总统任期最少的一次。自那时起，民主党候选人就再也没有得到过普选票的大多数。1948年杜鲁门的得票率是49.5%，1960年肯尼迪的得票率是49.9%。这其中，两大矛盾在民主党中兴之际暗中侵蚀着罗斯福的新政基本盘。其一是南北问题。新政初期，罗斯福与"老南方"达成了浮士德般的魔鬼契约，罗斯福政府不去过问民主党在奴隶州的内部治理，以换取南方议员在经济政策和外交政策上的支持。这一时期，南方民主党领导的选举联盟成功抵制了共和党的孤立主义倾向和德裔、意大利裔、爱尔兰裔选民的反对战争意向，《中立法案》、征兵法案、《租借法案》都是在南方议员的鼎力支持下才得以通过的。但战争过后，越来越多的南方人开始抵触联邦政府的强权政治，渴望重新回到州权自治的安逸状态，导致民主党逐渐沦为众议院表面上的多数党。1940年的总统大选中，全国范围内的选民投票率达到60%，但在南方，没有任何一个州的投票率达到50%，在亚拉巴马州、佐治亚州、密西西比州和南卡罗来纳州，投票率不足20%。① 新政前半期，南方代表在国会投票表决中主要坚持维护地区利益立场，叛离民主党立场的概率大概仅有5%。然而，在新政后半期，南方议员维护地区利益立场的概率足足增加了一倍，叛离民主党立场的概率高达19%。与此同时，南方对新政支持立场的转变标志着这样一个时刻的到来：国内政策开始偏离真正表达公众利益关切的努力方向；政府的角色定位趋向于避免过于冒进，更加强调立法程序的严肃性。其二是集权问题。即便在罗斯福新政的高光时期，选民们对于总统行政权和自由主义议程的

---

① Michael J. Dubin, *United States Congressional Elections, 1788-1997: The Official Results* (Jefferson, NC: McFarland, 1998), pp. 522-525.

持续扩张始终心存担忧。根据盖洛普民调,早在第一新政时期结束、《社会保障法》刚刚通过之时,罗斯福选民就已经在向保守派阵营靠拢。在一项关于政府到底应该花多少钱用于经济救济的民意测验上,回答政府已经花钱太多的人是回答花钱适度人数的两倍,而回答花钱太少的人占比几乎不到十分之一。在罗斯福再次当选以后,50%的民主党人表示,他们希望罗斯福的第二任期比第一任期更保守一些,只有19%的人希望他的第二任期更自由一些。① 同期,"最高法院改组计划"也遭遇冷遇,选民支持率仅为39%、反对率高达46%,进一步说明罗斯福意欲绕过国会而借助选民力量推动立法改革的想法是完全不现实的。

　　这场始于总统与最高法院之间的意见冲突,最终演变为白宫与国会、干预主义与放任主义、自由联盟与保守联盟、罗斯福选民与反罗斯福选民之间的一场殊死搏斗和经久对抗。在后罗斯福时代,国会保守联盟急剧扩大,直至共和党保守派在戈德华特时期强势崛起,戈德华特的那句"比起莫斯科,我更害怕华盛顿和集权政府",② 深刻揭示了罗斯福新政正在面临巨大的搁浅风险,民主党的自由主义工程必须要停下脚步,罗斯福以行政权力攻击立法权力的政治实践最终严重拖累了新政的议程设定和政治绩效。罗斯福新政基本盘诞生于总统的绝对权势,最终由于后罗斯福时代缺乏根植土壤和合法继承人,绝对权势转变为绝对劣势。对罗斯福新政的攻击与坚守,最终将美国引向了保守与自由的两极对抗,在激情动荡的20世纪60年代,新政基本盘的瓦解与麦

---

① 艾拉·卡茨尼尔森:《恐惧本身——罗斯福新政与当今世界格局的起源》,第202、299、315页。

② Jacob Weisberg, *In Defense of Government: The Fall and Rise of Public Trust* (New York: Scirbner, 1996), p. 42.

金莱基本盘的回潮同步发生,完成了极为微妙的盘面互换,直接催生了下一轮政党体系的裂变更迭。

第四章　新政体系瓦解与两党世纪基本盘的互换

一、新政体系的勃兴与瓦解

对美国而言，二战结束后的十年是令人紧张而焦灼的十年。整个国家几乎刚刚从战争阴霾下缓步走出，随即又转身投入与苏联冷战的漫长岁月。从杜鲁门、艾森豪威尔到肯尼迪，从"遏制""新面貌"到"新边疆"，整个国家的注意力时刻聚焦于国境线以外，国内选举政治顺从地沦为国家间地缘政治的附庸，总统辩论议题从如何增进社会福利转为如何抵御苏联威胁。直到进入20世纪60年代，整个社会才逐渐从一种对于不确定性的巨大恐惧中逐步摆脱出来，与之相伴，国内选举政治生态也开始变得热络起来，直至最终呈现为一种炙热的混乱。

林登·约翰逊是战后美国第一个认识到这一重大转变的总统候选人，"伟大社会"是罗斯福新政以来第一个将政府重心集中于国家内部的政党纲领。在约翰逊任内，民主党政府成功地与共和党温和派建立了同盟，大幅松动了罗斯福新政以来国会保守联盟对总统权力的束缚，推动了以民权、减税和医疗保险为核心的"新边疆"计划，从而将肯尼迪遇刺的国家悲痛转化为一场浩浩荡荡的道德改革运动。1965年，第89届国会仅在一年内就通过了80项立法，仅仅否决了3项，自重建时代以来，或许自罗斯福1933—1934年的第73届国会以来，还没有哪一届国会通过如此多的立法来重新安排这个国家。在白修德看来，"如果说有哪位候选人能够代表罗斯福新政拥护者，那就非约翰逊莫属。这些人都是一些念旧的人，属于'1948阶级'，在罗斯福的政治熏陶下成长，在接下来的10年主导民主党。正是在1948年，伊利诺伊州选择了史蒂文森，明尼苏达州选择了汉弗莱，得克萨斯州选择了约翰逊。最终，新政一代在1960年推出了约翰逊"。①

约翰逊遥隔30年向罗斯福新政致敬，最大限度地重新勃发了世纪基本盘的巨大威力。在1964年竞选中，民主党得到了有史以来最令人信服的选民支持，比罗斯福在1936年获得的胜利更加卓著，拿下了61.1%的普选票，在参众两院分别增加了1个、37个议席，从而彻底成为国会的绝对多数党。这场史诗般胜利的最大意义在于，它使得约翰逊深刻认识到，自己似乎已经拥有了超越以往任何时期的总统权力，在和平年代，这应该被拿来去做一些更为积极的事情，他决心推动整个国家更加紧密地团结起来。然而，或许连民主党人自己也丝毫没有意识到，约翰逊将整个国家带入了"伟大社会"，同时也将民主党推入了历史深渊，新政基本盘的勃兴与瓦解竟然在同一届政府任内令人难以置信地先后呈现，促成这一历史性变革的诱因只有两项——越南战争与《民权法案》。

约翰逊深谙国会政治，选举嗅觉较之于一般的总统候选人更加敏锐。他在1968年做出的两个判断在事后被证明极富政治远

---

① 白修德：《美国总统的诞生》，第60、342—343页。

见。其一是在总统大选初期毅然放弃在任优势,早早做出谢尔曼声明①主动退选,引发民主党政党地震;其二是对民主党党运做出预测,认为自己签署了1964年《民权法案》和1965年《投票权法案》,等同于将整个南方彻底放弃50年。②半个世纪后,当我们在2016年总统选举中看到特朗普裹挟本土白人选民的支持逆袭而上,决定性地击败了民主党建制派代表希拉里,不得不感叹20世纪60年代政治变革对两党党运带来的深远影响,不得不佩服约翰逊深具卓识的政治远见。不仅如此,以1968年总统选举为分水岭,两党从选民联盟、优势选区到政党纲领、党内派系都发生了决定性的调整,两党的政治路向出现了截然相反的二元背离。从1932年到1964年,从白宫到国会,民主党是毫无疑义的多数党,在9次总统选举中赢得了7次,牢牢把控着参众两院,其政党纲领甚至直接影响了艾森豪威尔政府昙花一现的"现代共和主义"。然而从1968年到1988年,共和党在6次总统选举中赢得了5次,可怜的卡特政府被前后簇拥的共和党人牢牢绑架。在1968年总统选举的两端,民主党和共和党在1964年和1972年各自取得了一场压倒性的胜选,而在1968年,尼克松与汉弗莱的选情一直焦灼到最后一刻。种种迹象表明,在1964—1972年,美国的政党选民

---

① 谢尔曼声明源自美国内战时期威廉·谢尔曼将军在1882年总统选举时发表的退选誓言——"如果被提名,我将不会接受,如果当选,我将不会任职"——多用在潜在候选人拒绝竞选时的表态。约翰逊在1968年新罕布什尔州竞选结束后出人意料地发表了这一言论,"美国的儿子们尚在遥远的田野中,美国的未来在家里受到挑战,我们和这个世界每天都希望在平衡中实现和平,我感到震惊,我不相信我应该将一个小时或者一天的时间花在个人的党派事业或者办公室职责之外的其他职责上。因此,我不会寻求也不会接受民主党提名的下一个总统任期"。详见 "President Lyndon B. Johnson Decides Not to Seek Re-election," The History Place, accessed June 7, 2020, https://www.historyplace.com/speeches/lbj-decision.htm。

② Nick Kotz, *Judgment Days: Lyndon Baines Johnson, Martin Luther King, Jr., and the Laws that Changed America* (Boston: Mariner Books, 2005), p. 61.

联盟一定发生了翻天覆地的变化，1968年总统选举就是印证这一变局最为直接、最为关键的历史节点。① 约翰逊成功带来了罗斯福新政的再度勃兴与再度湮灭，以"伟大社会"亲手瓦解了罗斯福新政基本盘，推动了两党世纪基本盘的历史性互换。

二、第六政党体系的楔子议题

20世纪60年代，美国遭遇了整个20世纪最为复杂且混乱的楔子议题冲击。平权运动自50年代中期开始酝酿，在壮大了民主党自由主义一翼的同时，也同步激发了共和党保守主义的崛起，待到两股力量交织进入约翰逊政府之时，已经不可避免地要发生针尖对麦芒的首次对抗。加之60年代中后期美国深陷越战泥潭，整个社会的年轻人对于两个方向的普系价值同时生成了绝望，既要拒斥政府强制下的保守规范，又要竭力使自己摆脱主流自由主义，在左右两端的撕扯中最终掀起了一股深刻影响整个西方社会的反文化运动。作为这场社会运动的政治遗产，民主党被迫向更左的方向埋头前行，走上了推动全面解放社会价值的激进道路；共和党则通过利用种族和文化恐惧，坚定确立了保守主义的政党路向。这一时期的美国国内政治生态焦躁而炙热，政党派系林立、楔子议题繁多，深刻牵引着不同维度选民基本盘的分化重组。总体来看，平权运动和越南战争一内一外，是贯穿整个第六政党体系的最为清晰的两条时代主线。

---

① 这里援引白修德对于20世纪60年代和1968年的精准评价："现在我们所普遍接受的60年代，与实际的10年只有粗略的对应关系。它起始于1963年11月得克萨斯州的下午，结束于1974年8月理查德·尼克松被迫辞去总统职务的晚上。1968年既是这11年的中点，也是这11年的支点。"详见 Theodore H. White, *The Making of the President 1968*, p. 10。

（一）平权还是反平权？

种族问题是20世纪60年代美国最重要的公共议题之一。肯尼迪将这一问题称为"道德问题"，认为它"与《圣经》一样久远，与美国宪法一样清晰"，"一场伟大的变革即将发生"。① 如何面对这一伟大的社会变革，到底应该支持平权还是反对平权？对于1964年的约翰逊和民主党来说，这是一个着实难以抉择的命途两难。美国的平权运动自20世纪50年代中期开始酝酿，运动目标从最初的反种族隔离、争取选举权到彻底"向自由进军"，规模和影响力持续扩大，最终在肯尼迪政府时期上升为全国范围内的楔子议题。肯尼迪在1960年竞选时已经向黑人选民做出民权承诺，为民主党政府树立了民权支持者的政治形象。肯尼迪与马丁·路德·金先后遇刺身亡，使得平权运动进一步增添了道义合法性与现实紧迫性，这是任何一位总统候选人在1964年和1968年总统选举中必须正面回应的问题。是保持南部民主党人的意见领袖身份，还是成为平权运动的历史性奠基人？——这一民主党政党纲领的纠结在1964年的约翰逊身上体现得淋漓尽致。一些研究表明，② 约翰逊最终决定在任内推进民权改革，并在1964年竞选中明确这一立场，主要是基于两点判断：一是约翰逊认为南部的民主党联盟已经较为松散，后约翰逊时代"老南方"解体是无可改变的必然；二是共和党选择戈德华特而非洛克菲勒作为总统候选人，令民主党人大吃一惊。共和党激进的立场调整可能会在

---

① 威廉·曼彻斯特：《光荣与梦想：1932—1972年美国叙事史》第二卷，第139页。

② Norman Schofield, Gary Miller and Andrew Martin, "Critical Elections and Political Realignments in the USA: 1860–2000," pp. 217-240.

政党选民联盟重组上占据主动，如果约翰逊在首个任期无法为民主党确立新的政党路向并作出历史性贡献，民主党会在新一轮政党体系的竞争中全面陷入被动。最终，约翰逊如愿完成了使命，在竞选当年签署了《民权法案》，在执政首年签署了《选举权法案》，并在任内成功建立了民主党意欲实现的"伟大社会"。然而，这一切并未给民主党带来任何选举政治上的安全感，当1968年到来的时候，民主党发现自己即便背负林肯以来最为卓著的社会改革声望，但政党困境不仅没有得到任何好转，反而比以往任何时候都更加危险。

在约翰逊退出总统选举后，民主党几乎瞬时分裂为四大派系。第一派系由工会和大城市党组成，自从罗斯福时代以来，这一组织始终牢牢把控着民主党，芝加哥市长理查德·戴利是这一派系的灵魂人物，被誉为美国最后的大城市护卫者。约翰逊离职后，这一派系转而支持约翰逊的副总统休伯特·汉弗莱。第二派系聚集在参议员尤金·麦卡锡的身后，由大学生、知识分子和反对越战的中上层白人组成，他们将自己视为民主党的未来。第三派系主要由天主教徒、黑人和其他少数族裔组成，这些选民群体在罗伯特·肯尼迪参选后迅速集聚起来，一方面是肯尼迪政府忠诚的缅怀者，另一方面也是平权运动的核心受益者。第四派系是身处"老南方"的民主党白人选民，这部分选民群体曾经在民主党推行平权运动时表达了强烈的愤怒，但没有得到应有的理睬，现在他们决定集结于亚拉巴马州州长乔治·华莱士的身旁，以第三方选民的身份重新展现来自南部的力量。民主党的四分五裂显示出，在关键的种族问题上，约翰逊政府只是在立法意义上完成了平权运动和"伟大社会"的政治实践，并未在理念意义上抚平党内各派系间的深刻裂痕。

作为最终确立的总统候选人，汉弗莱原本可以大大方方地继承约翰逊的政治衣钵，事实上，他在竞选初期也的确在努力表示将继续推进约翰逊发起的大社会福利计划、消除贫困战争，扩大少数群体的公民权利和公民自由。然而，这一策略最终被证明并无太大用处，选民自动将汉弗莱归类为约翰逊的政治附庸，对其竞选纲领缺乏热情，民调支持率迟迟得不到提升。与此同时，汉弗莱的主要支持者是民主党建制派，在少数族裔眼中，戴利之流是白人至上主义的忠实护卫者，党内仇恨某种程度上已经超过了党派仇恨。最终，激进派与建制派在民主党芝加哥代表大会上爆发了令人震惊的激烈冲突，这场冲突的最大受损方就是被提名为总统候选人的汉弗莱本人。这场冲突的直接后果在于，作为平权运动的受益者，少数族裔选民在罗伯特·肯尼迪遇刺之后心灰意冷，尽管汉弗莱向他们张开了怀抱，但并未得到这部分选民的鼎力支持，在部分关键的黑人选区，汉弗莱的支持率远远不及预期。与此同时，华莱士在大选前临时脱离民主党，以独立候选人身份扮演"老南方"的护卫者，这深刻说明平权运动已经从根本上彻底撕裂了民主党。在1968年的夏天，华莱士毫不掩饰地推崇白人至上主义，并借此成为年轻人中人气最高的候选人，几乎赢得了整个南部和高达一半比例的工会会员的支持。①

就在民主党决意比肩林肯，树立历史性的民权改革成就之时，共和党人已经开始探索这一结构性变局背后更为长远的政党战略。事后再看，这条探索之路如履薄冰、举步蹒跚，足足花去了几代人的时间。早在1960年总统选举中，尼克松领衔的党纲编制委员会已经开始着手研究共和党的发展路向问题。在关于是否

---

① Dan B. Wood and Soren Jordan, *Party Polarization in America: The War over Two Social Contracts* (United Kingdom: Cambridge University Press, 2017), p. 165.

保障黑人的静坐罢工权、就业平等权这一关键问题上，温和派与保守派共和党人之间、洛克菲勒与戈德华特之间发生了激烈的冲突。委员会最初的党纲版本认为，既然北部黑人倾向于投票支持民主党，那么为什么还要在自己的劣势选区与对方较劲？共和党保守派要求推行交换战略：为白人说话，把北部的黑人选票让给民主党，共和党独享"老南方"。温和派候选人洛克菲勒坚决反对这一立场，最后时刻，尼克松出于良知而非出于战略支持了洛克菲勒的观点，直接导致共和党南北两条战线双双失败。4年后再战，1960年的中庸彻底成全了1964年的激进，当洛克菲勒再次代表温和派参选总统之时，他发现自己的处境极为微妙，党内的政治风向已经发生了根本性的变化。共和党在1964年进行了重建时代以来最大的一次政治豪赌，推出了保守派代表戈德华特作为总统候选人。共和党并不看好戈德华特的竞选能力，种种迹象表明，戈德华特的政策主张和竞选纲领根本不具备参加全国性选举的可行性，共和党赌的是平权运动可能带来的选举政治格局重塑，赌的是共和党在未来半个世纪的党运。尽管戈德华特毫无意外地收获了一场共和党建党以来的最大惨败，但共和党在1964年的极限挑战为整个政党开辟了新生，他们成功利用白人选民的种族和文化恐惧，从根本上扩大了此前苦心经营的农场和乡村俱乐部联盟，釜底抽薪般瓦解了罗斯福新政铸造的世纪选民基本盘。

对于尼克松而言，到了1968年，形势已经相当明朗。共和党在长达8年的探索中明确了新的政党路向，平权运动是民主党正在爆发的火药库，共和党需要做的只是装作若无其事地向里面不断丢掷干柴，使民主党与本土白人选民之间的矛盾愈烧愈烈。为了使这项政治艺术演绎得更加低调隐晦且惟妙惟肖，尼克松在

1968年成功操控了狗哨政治①，在避免直接评价平权运动的同时，通过强调州权、强调"法律与秩序"，苦心孤诣地向共和党意欲团结的白人选民暗中传递保守主义的政党纲领。②凭借这一政治操控，尼克松在1968年成功洗去了身上的右派标签，将自己标榜为一个走中间路线的温和派候选人。当汉弗莱和华莱士分别锚定一左一右，奋力撕扯整个社会的政治立场之时，尼克松稳稳地站到了舞台中央发挥平衡作用。1968年选举过后，美国选举政治学界如雨后春笋般出现了很多分析政党选民联盟重组的重量级著作，无一不在肯定尼克松中间路线的巨大胜利。理查德·斯卡蒙和本·瓦滕伯格认为1968年的选举证明，共和党已经是美国"真正的多数派"，越是在极端时期，中心主义越是难能可贵的制胜法宝。③尼克松年轻的竞选助手凯文·菲利普斯在1969年出版的

---

① "狗哨"（Dog Whistle）本义是指用来唤狗的哨子，由于狗耳能够探测到的频率比人耳高得多，所以狗能听到这一高音频哨子，人类却无法听到。"狗哨政治"是这一现象在政治学中的引申，用来指代政客的一种宣传手段，在看似普通的演讲中加入针对特定人群的隐藏信息，或者使用模棱两可的语言让听众解读为自己希望听到的内容。在美国，共和党总统候选人经常使用狗哨政治这种宣传手段来拉取白人选票，避免正面谈及种族概念，但暗地里不动声色地损毁少数族裔的利益。详见 William Safire, *Safire's Political Dictionary* (New York: Oxford University Press, 2008), p. 190。

② 关于尼克松如何完美驾驭这一政治手法，共和党前战略家李·阿特沃特曾经有过极为精彩的描述——"1954年的时候，你可以随便提起'黑鬼、黑鬼、黑鬼'，到了1968年，你不能再这么说了，这将带来伤害。所以你只能谈论诸如公共汽车强制隔离、州权之类不痛不痒的东西。现在我们被迫变得如此抽象，只能谈论减税，所有这些东西看起来完全只是经济领域的。然而它隐藏的意涵在于，黑人受到的伤害永远比白人更糟。事实上，潜意识里这就是我们讲这些话的目的之一。这看起来有些抽象，看起来需要解码，但我们通过其他形式把种族主义情绪传递了出来"。详见 Rick Perlstein, "Exclusive: Lee Atwater's Infamous 1981 Interview on the Southern Strategy," The Nation, November 13, 2012, accessed June 7, 2020, https://www.thenation.com/article/archive/exclusive-lee-atwaters-infamous-1981-interview-southern-strategy/。

③ Richard M. Scammon and Ben J. Wattenberg, *The Real Majority: The Classic Examination American Electorate* (New York: Primus - Donald I. Fine, Inc, 1979)。

颇具影响力的《新兴的共和党多数派》一书中提到，如果能够合并尼克松和华莱士的选票，共和党将会出现极为可观的选举优势。① 事实上，这正是尼克松在1972年所做的，在一场同样面对极左派候选人的战斗里，尼克松不费吹灰之力还赠了民主党人一场戈德华特式的大败。事实上，这也正是共和党人在此后半个世纪里所一直在做的，直至2016年特朗普令人难以置信的胜选。从这个意义上讲，种族问题不仅是漫渍于整个20世纪60年代的楔子议题，甚至是逾越了未来半个世纪、贯穿整个第六、第七政党体系的楔子议题。

（二）战争还是反战争？

关键性选举普遍聚焦于选民关心的国内社会议题，其干扰变量很少出现在美国本土以外。然而，越南战争是一个十足的例外。自美国内战结束以来，从来没有任何一场战争对于美国选举政治产生过如越战般的深刻影响。一战没有生成这一效应，威尔逊的胜选很大程度上得益于共和党的分裂，而并非有一批选民由于信仰了理想主义而叛逃至民主党；新政基本盘在塑造之时，二战尚未爆发，战争忧虑尚未构成选民偏好的核心考量。然而，越战是如此深刻地影响了20世纪60年代的美国社会，影响了两党在战争问题上的立场和态度，影响了后越战时代政党政治格局的深刻演变。除去直接的人力物力损失，美国许多机构、制度的公信力都有所下降：将国家推进战争火坑的总统、持续拨款支援的国会、未判决战争违反宪法的法庭，还有民主制度本身，事实证明它已沦落为街头的喧闹，对决策者毫无约束力。受战争影响，

---

① Kevin P. Phillips, *The Emerging Republican Majority* (Princeton: Princeton University Press, 2014).

美国民众对权威的信任暴跌，不只是对政府，还对学校、报业、教会，甚至家庭的道德感产生了怀疑……美国的生活发生了一些变化——一些尚且不被理解或未达成共识的变化，但这些变化不同于以往，关系重大且影响深远。[①] 在1968年和1972年的总统选举中，怎样定位越战，如何结束越战，谁应该为战争承担责任，这些都是两党的总统候选人无可规避的必答题。不同的选民群体在这一问题上的态度偏好截然不同，拥抱一部分选民必然意味着为另一部分选民所唾弃，几乎毫无平衡与调试的中间地带，越是游移不定、左右逢源，越是可能在激烈的竞选中葬送自身的政治命途。

约翰逊是第一个为越战付出代价的总统候选人。1965年，当越战尚在遥远的东方酝酿，美国政坛没有人意识到这个被约翰逊称为"露着屁股的四等小国"对选举政治所能造成的威胁。那一年年中，约翰逊夫人曾隐隐表达了对这一问题的不安——"我希望外交问题不要再增加了，这可不能代表林登（即约翰逊）总统时代"。[②] 到了1968年初，当约翰逊身承平权运动和"伟大社会"两大历史性荣耀步入选举年，任何人没有想到，外交问题最终还是全权代表了约翰逊，他在短短两个月后主动退选，引致这一结果的恰恰是越南在1968年1月30日发动的"春节攻势"。这一年到来之前，美国已经有超过50万士兵在越南作战，被征召者占越南军队的42%，每月有近1000名美国人出现伤亡，伤亡率高达58%。为了给选举年造势，在身边幕僚的怂恿下，约翰逊在当

[①] 威廉·曼彻斯特:《光荣与梦想：1932—1972年美国叙事史》第二卷，第576页。

[②] Marvin Kalb and Deborah Kalb, *Haunting Legacy: Vietnam and the American Presidency from Ford to Obama* (Washington D.C. : Brookings Institution Press, 2012), pp. 1, 226.

年年初早早宣称越南民主共和国已经失去战斗意愿，战争行将结束。然而此后不久，越南民主共和国发动了重创美军的"春节攻势"，狠狠击碎了约翰逊在停战问题上的承诺，正是在这场攻势期间，反对越战的选民在数量上开始超过支持越战的选民，约翰逊的支持率也陡然从48%跌至36%，几乎是战后美国总统的最低点。① 由于约翰逊在反战选民群体中极度不受欢迎，特勤局甚至拒绝让总统在各大学校园公开露面，拒绝总统参加在芝加哥举行的民主党全国代表大会。② 新罕布什尔州初选过后，约翰逊——白宫和国会无可争议的"双料主人"——提早放弃了总统竞选。

与约翰逊的政治命途相反，明尼苏达州国会参议员麦卡锡几乎是完完全全仰赖越战这一议题成为后约翰逊时代民主党内最具优势的候选人。早在竞选初期，麦卡锡就曾经表示，约翰逊是那种有点弄错了时代的总统，在美国实行罗斯福式的新政政策，但美国的问题症结并非在此，而在越南。在民主党全国代表大会召开以前，麦卡锡是党内反战运动的灵魂，成千上万的年轻大学生将麦卡锡视为自己的精神图腾，他们剃了胡子、剪了头发，高喊着"为尤金而战"，按响了一家一户的门铃，分发麦卡锡的政治传单。在反战运动的鼓舞下，麦卡锡将有限的选举资源倾数投放到初选首站新罕布什尔州，在约翰逊没有亲自参与初选动员的情

---

① Doris Kearns, *Lyndon Johnson and the American Dream* (New York: Generic, 1976), p. 336; John Mueller, *War, Presidents and Public Opinion* (New York: John Wiley & Sons, 1973), p. 56. 转引自时殷弘:《美国在越南的干涉和战争（1954—1968）》，世界知识出版社，1993，第271—272页。

② 约翰逊对于越战议题带来的选战影响非常郁闷且不解，曾说:"他们要什么？他们到底想要什么？我带给他们的是繁荣的时代，我提出的惠民法案数量无人能及，而他们呢，只是一味攻击和嘲笑！富兰克林·罗斯福能做到这些吗？有人能做得比我更好吗？他们到底想要什么？"参见威廉·曼彻斯特:《光荣与梦想：1932—1972年美国叙事史》第二卷，第232页。

况下，麦卡锡赢得了42%的选票，只比在任总统少7%，这一令人震惊的强劲表现暴露了约翰逊选民基本盘的脆弱性。正是在新罕布什尔州初选后的第四天，罗伯特·肯尼迪表态将参与总统竞选，从而直接摧毁了约翰逊的连任可能。在与肯尼迪的初选对抗中，麦卡锡的反战运动标签丝毫不逊色于肯尼迪刚刚逝去的"兄长光环"，麦卡锡赢得了大多数早期初选，甚至包括肯尼迪的故乡马萨诸塞州。在芝加哥民主党全国代表大会上，气势汹汹的麦卡锡支持者与警察爆发了举世震惊的流血冲突，导致民主党内主流选民对于极左派候选人的激进立场产生了忧虑，在党内建制派的操控下，党代会在首轮投票中就轻而易举地结束了麦卡锡的竞选活动，越战是麦卡锡总统竞选的发迹议题，但也因其太过炙热，最终成为麦卡锡政治生涯的终结议题。与此同时，在芝加哥民主党全国代表大会上，此前在战争问题上态度含糊、唯唯诺诺的汉弗莱获得了竞选资格。作为约翰逊的副手，汉弗莱在战争问题上背负了太多前任政府的负债，这使得他瞬间成为反战人士攻击的头号目标。如果不是约翰逊最终实现了"万圣节和平"，[①] 汉弗莱的选情不会在选举最后阶段疾速回升。这是民主党在战后第一次令人印象深刻的"十月惊喜"，根本原因是越战局面出现了显著变化。

对共和党而言，越战堪称命运赐予的选举题材。这场战争完完全全出现在民主党执政时期，历经肯尼迪和约翰逊两届政府最终陷入泥潭，共和党在越战上几乎没有任何包袱。在1968年大选中，所有共和党候选人都跃跃欲试地表态支持反战运动，承诺将

---

① 1968年10月31日，约翰逊宣布停止轰炸越南民主共和国，并承诺将之作为结束战争会谈的一部分，声称越战已经见到和平曙光，给汉弗莱岌岌可危的选情带来了关键的助力。

亲自结束越战。相较于民主党，这一议题在共和党选民心中没有带来太过显著的区分度，但仍有总统候选人绊倒在这一门槛上，比如密歇根州州长乔治·罗姆尼就因为在战争问题上的表态摇摆而受到牵连。早在大选前一年，盖洛普曾经针对主要候选人的支持度进行了摸底民意测验，尼克松的支持率达到39%，排名第一位；其次是罗姆尼，支持率为25%。罗姆尼一度是党内最有实力与尼克松角逐总统宝座的候选人，然而1968年初，他参与了越南战场的实地考察，被驻地军队和外交人员深深"洗脑"，转而支持越战。罗姆尼的转向在共和党内部引起了普遍反感，保守派媒体对此大幅冷嘲热讽，导致其选情疾速走低，最终在当年2月底早早告别初选。① 罗姆尼的案例深刻说明了楔子议题的极端重要性，当一届关键性选举到来时，没有任何候选人能够逾越甚至忤逆楔子议题而实现当选。

三、第六政党体系的政党选民联盟

平权运动和越战在种族和道义两端重创了民主党，根本性地冲击并瓦解了罗斯福在30年前创建的新政选民基本盘。出于反抗社会不公、躲避军队服役等客观必须，大量的民主党选民将个人利益置于政党利益之前，在20世纪60年代中后期彻底转向共和党或是皈依了独立党派，从而推动了遍及整个美国社会的政党选民联盟重组。1964年，约翰逊在一场兵不血刃的竞选中取得狂胜，4年过后，当年的约翰逊选民竟有40%选择为尼克松投票，

---

① "Romney Asserts He Underwent 'Brainwashing' on Vietnam Trip," *The New York Times*, accessed June 7, 2020, https://www.nytimes.com/1967/09/05/archives/romney-asserts-he-underwent-brainwashing-on-vietnam-trip.html.

这是自胡佛败选以来从未出现过的最大规模的选举叛变。[①] 1968年，改变立场的民主党选民是共和党选民的两倍。1972年，在自称是民主党人的选民中，37%的选票流向了尼克松，相比之下，只有8%的共和党选民选择了支持麦戈文。自此以后，共和党选民改换政治门庭的比例基本上没有变，但是民主党的这一数据则保持了25%的年均增速。1976年卡特当选时，只收获了77%的民主党选民选票，而总量较少但更为忠诚的共和党选民，90%都在支持他们的候选人福特。[②] 总体来看，整个20世纪60年代就是美国政党选民联盟分化重组的十年，这轮大规模的选票洗牌主要体现在以下四个方面。

（一）黑人和白人选票的疾速分化

从种族层面看，二战结束以后的20年时间里，美国出现了20世纪以来最大规模的人口迁移，超过500万的黑人从南部农村转移到北部的大中型工业城市。1910年，全美90%的黑人生活在"老南方"地区，完完全全是美国选举政治的局外人。而到了1960年，仅有52%的黑人仍然生活在旧联邦土地上，几乎一半的黑人迁徙到了北部和西部。尽管黑人数量只占全国人口总量的12%左右，但由于分布较为集中，在全国435个国会选区中，有86个选区的黑人比例在20%以上。[③] 黑人北迁决定性地改变了美国选举政治的地理版图，其选举地位也从社会底层大幅抬升。在

[①] Ed Kilgore, "The Ghosts of the '68 Election Still Haunt Our Politics," October 6, 2018, accessed June 7, 2020, https://nymag.com/intelligencer/2018/10/1968-election-won-by-nixon-still-haunts-our-politics.html.

[②] 纳尔逊·波尔斯比、艾伦·威尔达夫斯基：《总统选举——美国政治的战略与构架》，管梅译，北京大学出版社，2007，第21页。

[③] 李道揆：《美国政府和美国政治》，商务印书馆，1999，第726页。

1940年到1960年的20年间，纽约和费城的黑人人口增加了1倍，芝加哥和底特律的黑人人口增加了2倍，而洛杉矶的黑人人口则直直增加了5倍。由于黑人的城市出生率比白人高40%，这使得他们的城市人口数量持续膨胀，美国城市的黑人聚居区出现了有史以来最大规模的人口爆炸，并直接引致了两种原始情感的相互对抗。其中一种是来自黑人的情感，他们渴望远离贫民区、远离社会暴力，渴望拥有属于自己的房间和梦想。另一种则是来自白人产业工人的情感，他们对于与自己的邻居拥有同样舒适的生活有着同样深刻的需求和渴望。"对于许多白人产业工人来讲，拥有一户两层房屋是人生奋斗的终极梦想。他们计划自己住在下层，把上层出租出去，赚下的租金便可以添加到社会保险或者养老金中，在朋友集聚的地方圆满地过完一生，看着自己的子孙长大，从传统的熟食店购买来自家乡的小菜。对这些人来讲，突然出现的黑人邻居打破了他们的梦想。"①

通过平权运动，民主党在战略上获得了先手，率先抢得了北迁黑人的政治支持，进一步巩固了新政基本盘。1962年，当被问及哪个党会"就工作中的公平待遇帮助黑人"时，回答民主党和共和党的选民分别占到22.7%和21.3%；两年过后，这一比例发生了翻天覆地的变化，66%的选民认为民主党会这样做，而认同共和党的选民只有7%。② 在戈德华特以前，林肯庇佑下的共和党总统候选人通常能够得到大约三分之一的黑人选票，但是在1964年，无论在农村还是城市、北方还是南方、上层还是下层，约翰逊在黑人选民群体中得到了毫无疑义的支持，其平均支持率在

---

① Theodore H. White, *The Making of the President 1964*, p. 636.
② Thomas Byrne Edsall and Mary D. Edsall, *Chain Reaction: The Impact of Race, Rights and Taxes on American Politics* (New York: W.W. Norton, 1991), p. 36.

东部为94.9%、在南部为95.3%、在中西部为95.8%、在西部为97.2%，在一些城市黑人选区基本接近99%。[①] 这一年，戈德华特的黑人支持率仅为4%，并且在此后的半个世纪里，共和党总统候选人所能够得到的黑人选票始终在中低位徘徊。1968年，尼克松得到了13%的黑人选票，即便是在4年后取得大胜，这一比例也不过只是略微提高至14%。然而，同样是由于平权运动，共和党根本性地转向了本土白人，选择在外来黑人大幅渗入白人选民生活的当下，维护白人在这片土地上的"主角身份"与独立价值，这一举措重创了素来仰赖白人选民的民主党。1968年总统选举中，汉弗莱在"老南方"赢得的选票有三分之二来自黑人，当地白人选票不足10%，全国范围内的白人选票也仅有38%。这只是民主党白人选民流失的开始，1972年，麦戈文只拿到了32%的白人选票；1980年，出身"老南方"的卡特未能利用身份优势止住颓势，白人选票仅比麦戈文多了4个百分点。事实上，这一状况一直延伸至半个世纪后的今天，2016年、2020年希拉里和拜登得到的白人选票分别是37%和39%，与汉弗莱以来的任何一位民主党候选人并没有什么显著不同，白人选民与共和党的政治姻亲就是自1968年的关键性选举正式开启的。

（二）两党选区南北大挪移

从选区划分看，20世纪60年代中后期，美国的选举政治版图出现了革命性的"南北大挪移"。在戈德华特主义的指引和尼克松"南方战略"的包围下，共和党成功侵蚀了民主党的"老南方"阵营，民主党则顺势将自身的选区腹地进一步向地处两端的

---

① Theodore H. White, *The Making of the President 1964*, p. 1019.

大洋沿岸扩散。这一变化不是在60年代突然出现的，而是紧随二战后美国的城市化、工业化进程以及相伴而生的人口迁移缓慢形成的。由于美国特定的选举人团制度，在很多两党占据绝对优势的安全选区，这一选民迁徙效应在很长时间内并未充分显现。事实上，罗斯福的四届任期已经是民主党在"老南方"地区的最后挽歌，南方民主党人的反叛自后罗斯福时代就此起彼伏从未停息。1948年，杜鲁门在这一地区输给了瑟蒙德，失去了"老南方"11个州中的4个州。艾森豪威尔在1952年和1956年两次竞选中成功代表共和党拿下南方州，民主党自我安慰般将之释义为总统的个人声望使然，掩盖了"老南方"选民基本盘正在缓慢流失的现实。1960年，尼克松在亚拉巴马州、佐治亚州、密西西比州和南卡罗来纳州都超越了艾森豪威尔的支持率，在弗吉尼亚州和佛罗里达州也实现了持平，达到了近50%的支持率，远超杜威在1948年25%支持率的一倍。这一年，共和党在参议院和众议院分别多了2个、21个席位。尽管民主党仍旧是国会多数党，但101名来自南方的民主党代表中，一半以上已经与共和党建立了新的连线同盟（战略同盟）。① 接踵而至的1964年是见证共和党政治豪赌成效的一年，戈德华特打着白人护卫者的旗号为共和党的新党铭摇旗呐喊，在遭遇了一场选举政治惨败的同时，悄然拿下了整个"老南方"核心腹地的5个州，这是重建时代以来共和党人首次在这一地区赢得信任，民主党在1964年欢庆胜利的同时，已经意识到自己的根据地发生了不可逆转的质变。1968年，"老南方"选出了代表自己独立立场的总统候选人华莱士，在政党信仰上与民主党愈行愈远。随即发生的南部民主党人叛变事件，标志着共

---

① 白修德：《美国总统的诞生》，第457、460页。

和党长达4年的政治豪赌宣告胜利,北方民主党人的代表汉弗莱在"老南方"最终只拿下了得克萨斯州一个州。1968年,尼克松是在缺少"老南方"支持的情况下赢得总统选举的最后一位共和党候选人,在此后的半个世纪里,这一地区再也未曾与共和党分开,民主党把控了一个世纪之久的核心选区最终沦为共和党的右翼根据地。

(三)城郊中产阶层的兴起

从阶层划分看,与黑人北迁、共和党南下同步出现的另外一项具有深远影响的社会变迁在于,在1950—1960年的某个时间,美国历史上白领阶层人数首次超过蓝领阶层。二战后经济复苏推动了美国中产阶级在20世纪60年代快速壮大,大量白人中产阶层从城市中心流入城郊,大幅抬升了城郊选区的重要性。纵贯整个60年代,全美国85%的人口增长来自大都市地区,而在这些地区中,80%的增长来自其郊区环线。"如果说1890年的人口普查宣示了边疆时代的终结,1960年的人口普查则宣示了大城市时代的终结。美国前15个大都会区中,有14个区的核心城市人口在减少。与此同时,全美3072个县,有一半以上地区的人口在减少。1960年的人口普查说明,美国人民正在放弃城市、荒废乡村,唯一去向是城郊。2800万庞大的新增人口中,三分之二来自郊区"。民主党方面提前感知到中产阶层将成为未来重要的选民团体,史蒂文森早在1956年竞选中就在大力宣扬解放中产阶层,肯尼迪在1960年以0.1%的选票优势战胜尼克松,胜选关键就是得到了城郊选民的支持,在东北部14个大都市圈郊区,肯尼迪将民主党的得票率从1956年的38%一举提升至1960年的49%。① 在1968年，城郊选民本应成为汉弗莱团结的重要群体，然而他身上背负了太多大城市党的资源，在越战问题上的含糊表态又导致了中产阶层的不满，这使得民主党在1968年失去了关键的城郊选区。对于共和党而言，城郊选区几乎从一开始就是自己理所当然的票仓，这部分从市中心流出的白人选民先天偏好于保守的社会政策和自由的经济政策，与共和党保守派形成了天然契合。这使得共和党的城郊选区与乡村选区连接起来，构筑了此后半个世纪"农村包围城市"战略的最初轮廓。尼克松在1968年反复强调要为"沉默的大多数"代言，喊话的核心对象就是城郊中产选民，那一年共和党胜选的关键州是加利福尼亚州、俄亥俄州和伊利诺伊州，尼克松在每个州只有不到三个百分点的优势。这三个州的共同特点在于，城郊中产选民数量在过去的十年里出现了激增，共和党最终成为这一微妙变化的直接受益者。

（四）代际政治的显著分化

二战结束后，伴随美国国家矛盾的转移和社会议题的分化，美国国内的代际政治变迁开始加速。在"令人发福的50年代"，民团迫害、新式热核武器带来的恐惧、父母讲述"大萧条"的故事，这一切都造就了"沉默的一代"。信仰艾森豪威尔政府的两党选民始终无法完全确认美国已经彻底从战争的阴霾中走出，他们仍然选择将国家和政府作为个体生活的最大佑庇者。"他们怀疑个人主义，避免承担任何义务，他们的理想不会破灭，因为他们根本就没有理想。在独立和体制发生冲突时，他们坚定地站在体

---

① 白修德:《美国总统的诞生》，第279、456页。

制的阵营中,他们不追求名望,只希望得到他人的支持,他们渴望在集体作战中通力合作,而刻意隐藏会遭人排斥的个性。"对"沉默的一代"而言,他们受到父辈传统价值观的影响极大,全部精力都致力于维系个体安全,从而造就了具有强烈中年人价值观的一代年轻人。然而仅仅十年过后,"沉默的一代"的子女就掀起了一场浩浩荡荡的反抗父权、反抗传统、反抗普系价值的反文化运动,与上一代选民进行了尖锐的立场切割,平权运动是他们矢志不渝的价值追求,越战是他们首要感兴趣的楔子议题。"过去,我们有把握假设一个年轻人的政治观点起初偏向左翼,之后随着年龄增长,会逐渐转到右翼,现在可不敢保证了。20世纪50年代初,大学生的政治观点从正中间开始,并一直停在那儿。"伴随二战后人口出生率的暴涨,这部分选民群体在风雨动荡的十年间不断扩大。60年代初,美国总人口中有一半在30岁以下。不久,半数在27岁以下,接着是25岁以下,其中17岁以下的人占40%,而18岁以下的人口增速是其他年龄段人口增速的4倍。1960年,美国14—24岁的年轻人共计2700万;60年代末,这一年龄段的人口数量为4000万,占总人口的20%。这些年轻人的口号之一便是"不要相信任何30岁以上的人!"[①]

四、第六政党体系的政党政治格局

(一)共和党保守主义的涅槃重生

进入20世纪60年代时,共和党已走过百年。在共和党内部汇集了两股溪流,一股溪流是崇高无上的美国理想主义,另一股

---

① 威廉·曼彻斯特:《光荣与梦想:1932—1972年美国叙事史》第二卷,第35—36、42、313、414页。

溪流是粗俗不堪的美式贪婪。① 在60年代，这两股溪流先是分道扬镳，而后不可避免地激情碰撞，最终以贪婪粗犷的保守派全面获胜而告终，在不到20年的时间里，共和党完成了整个政党的涅槃重生，全部过程干净、利落，没有一丝拖泥带水。

然而，最初从罗斯福新政铁盘下苏醒的并非共和党保守派，而是在国会与新政联盟关系密切的共和党温和派，是纽约州长托马斯·杜威、马萨诸塞州参议员亨利·洛奇这些东北部共和党人。二战后十年是20世纪美国极化政治的最低点，②这与温和派共和党人的政治理念不无关联，他们认为共和党应该使美国团结在一起，而不是沿着意识形态或阶级界线分裂；党内既要有自由派又要有保守派，两者应相互妥协；共和党与民主党应共享核心前提和终极目标，只是在实现方法上有所区别。③ 1952年，共和党温和派成功拉拢并推出艾森豪威尔作为总统候选人，他们深切期望艾森豪威尔能够为共和党注入新的力量、将共和党引入新的方向，将艾森豪威尔打造成为"共和党人的罗斯福"。这一愿望很快就落空了。如果说，艾森豪威尔对于总统角色的扮演略显生疏，那么其对于政党领袖的履职简直糟糕透顶。艾森豪威尔时期，共和党在国会选举中节节败退。1950年，共和党尚有49%的国会议席，1954年这一比例降至47%，1958年进一步降至43%。1958年国会中期改选，民主党在国会和地方选举中大获全胜，共

---

① 威廉·曼彻斯特：《光荣与梦想：1932—1972年美国叙事史》第二卷，第78页。

② Keith T. Poole and Howard L. Rosenthal, *Ideology and Congress* (Piscataway: Transaction Publishers, 2011), pp. 42-54. 转引自付随鑫：《当代美国的南部政党重组与政治极化》，第112页。

③ Russell Kirk, *The Conservative Mind: From Burke to Eliot* (Washington D.C. : Regnery Publishing, 2001), p. 476.

和党人失去了12个参议院席位、48个众议院席位,竞选州长的21人中有13人败下阵来,在48个州仅占据14个州长席位,仅在7个州议会拥有多数席位,佛蒙特州106年以来第一次由民主党人代表参加国会。正是在这一年,"1958一代"成功崛起,在马萨诸塞州参议员竞选中,约翰·肯尼迪的票数领先874608票,这一差额比该州任何职位竞选时的票数差额都要大。在亚利桑那州,巴里·戈德华特再度以决定性优势当选。但这次竞选的最大赢家是纳尔逊·洛克菲勒,在纽约州,他以压倒性的50万张选票胜出。① 也正是在1958年的选举灾难过后,共和党高层推动了政党纲领的全面重新审核,由尼克松领衔组建了纲领与进步委员会,这一委员会制定的新党纲在1960年的总统选举中促成了党内保守派与温和派的公开分裂,成功塑造了共和党党铭的新基石。

  1960年的共和党初选中,共和党温和派旗帜人物洛克菲勒提出了被白修德称为"美国选举史上最值得注意的系列政治文件"②的自由主义宣言,在这份"坦率诚实和直言不讳——或者说更天真幼稚"的讲话里,洛克菲勒系统阐述了自身文化上的自由立场和外交政策上的保守立场,他满怀真挚地认为美国正处于生死存亡之际,美苏导弹差距正在扩大,战后国家预算持续减少,国家安全被严重削弱。温和派将自己视为"善政"的拥护者,对平权运动体现出了慷慨而真诚的支持,呼吁政府加大在基础设施、环境保护、医疗保健和高等教育方面的投资。在关于是否保障黑人的静坐罢工权、就业平等权这一关键问题上,尼克松所代表的中间派和洛克菲勒所代表的温和派在选战过程中达成了妥协性契

---

  ① 威廉·曼彻斯特:《光荣与梦想:1932—1972年美国叙事史》第四卷,第413页。
  ② 白修德:《美国总统的诞生》,第239页。

约，这直接激怒了共和党内的传统主义者。那一年共和党芝加哥代表大会的最后一幕，是戈德华特走上讲台怒斥主流党派的背叛并深切呼唤，"让我们长大吧，保守派！如果我们想夺回这个党，我认为我们总有一天会夺回的！"① 此后4年，戈德华特运动席卷全美，这场运动代表着一种人们对过去美好事物的怀念和对当前糟糕状况的仇视之情，将弥漫于社会各界的怨恨、愤怒、挫折、恐惧和希望全部吸纳。② 在戈德华特的政治哲学里，个人是永恒的中心，美国社会的道德状况和个体生活的质量是恒久的政治辩论主题，其基本信条是个人必须自由地按照自己的意愿行事，自由地组织自己的生活，不受政府的干涉，也不受政府的怜悯，做一名好人是每一个公民的道德责任，而后他们和他们的国家必将繁荣昌盛。如果20世纪60年代美国社会的个体生活发生了什么不幸，那么错误一定在政府，而不是像民主党人所宣称的那样，政府是应对这一不幸的主要屏障。在温和派看来，戈德华特这样的保守派是共和党的异类，从头到脚写满了美国国家精神的蜕化，温和派与保守派的斗争是善与恶的斗争，将在根本上决定共和党是成为一个有理想、有抱负的新政党还是成为一个故步自封、抱残守缺的旧势力。纵贯整个60年代，温和派的竞选标语是"投票给负责任的共和党人""将美国留在主流社会"，而保守派的口号则是激进的"要选择，不要回声"。然而在戈德华特看来，自己与其说是一位意欲获得竞选胜利的总统候选人，不如

---

① David Keene, "In the Beginning There Was Goldwater," *The Washington Times*, November 17, 2014, accessed January 31, 2021, https://www.washingtontimes.com/news/2014/nov/17/in-the-beginning-there-was-goldwater/.

② Theodore H. White, *The Making of the President 1964*, p. 255.

说是一项远为宏大的政党事业的领导者。① 这项事业关乎美国保守主义的复兴和清教徒的美德，其本正目的是引导共和党、净化共和党，他对于这项事业的忠诚是真实的、毫无瑕疵的。戈德华特希望自己的竞选能够成为保守派和自由派两种政治哲学之间的伟大对话，他深信在美国选民中的某个地方，隐藏着一个伟大而沮丧的保守派多数。如果有一个深刻的选择，而不是一个简单的回声，理论上，无家可归的保守派会蜂拥而至，压倒集体主义者、自由主义者、社会主义者，并恢复美德在美国社会应有的领导地位。他对于自己所投身的这项事业有着明确的奋斗目标：如果他能够在全国性竞选中与肯尼迪保持在5%的选票差距范围内，他将为美国的保守主义事业带来一场无与伦比的巨大胜利；如果他输掉了超过5%的选票，他反而可能会伤害保守主义事业。②

1960—1968年的选举政治实践揭示了这一问题的答案。洛克菲勒在三次党内初选中都完败给了保守派，连一次光明正大地与民主党对抗的总统提名也没有获得，堪称一个弱化的、共和党版本的威廉·布赖恩。洛克菲勒的接连失败标志着共和党温和派彻底走向了政治末路，在罗斯福新政的漫长岁月里，是温和派在人数显著呈劣势的国会里为共和党苦苦坚守，他们在政治上的高光时刻是在二战后不久即推出了两党都能接受、令全体国民信服的共和党总统候选人。然而，艾森豪威尔在选举政治层面给共和党带来了灾难，在美国政治激情动荡的20世纪60年代，艾森豪威

---

① 戈德华特曾于猪湾事件发生当天去白宫拜访肯尼迪，当肯尼迪抽着雪茄走进屋时看到戈德华特刚好坐在他的摇椅上等待，便问他："你想要这份工作吗？"戈德华特说："不，此刻我并不在想这件事，我有另外一项重要的事在做。"这段对话形象揭示了在戈德华特的心中保守主义事业远胜于总统竞选。引自 Theodore H. White, *The Making of the President 1964*, p. 270.

② Theodore H. White, *The Making of the President 1964*, p. 269.

尔的"现代共和主义"被罗斯福新政绑缚得毫无生气,洛克菲勒的远大政治抱负又显得过于拥戴自由主义,无法与肯尼迪所代表的民主党主流自由主义路向做出区分。温和派在美国政治中的回光返照出现在1988年,温和派共和党人普雷斯科特·布什的儿子乔治·布什再次当选总统,然而布什任期内的增税决定为洛克菲勒共和党人敲响了政治丧钟,自此以后,温和派共和党人只能栖身于东北一隅,成为地方政治的护卫者,再也未能形成对于共和党党铭具有影响力的主导力量。

  与此同时,尽管戈德华特在1964年竞选中使得共和党遭遇了前所未有的惨败,与约翰逊的选票差距达到了令人震惊的22.6%,远远超过了5%的阈值,但连戈德华特自己也没有想到的是,美国右派的保守主义事业就此勃兴,并在此后的半个世纪一发而不可收。1965年,尼克松在党内为戈德华特的败选进行辩护时还在小心翼翼地保留中间立场,他在演讲中呼吁选民努力成为一名林肯式的共和党人,"在关心人民方面做个自由派,在遵守法制方面做个保守派"。尼克松同时自我澄清,"如果自由派意味着把一切都交给联邦政府,那么我就不是自由派。如果保守派意味着倒拨时钟,否定实际存在的问题,那么我就不是保守派"。①短短4年过后,面对1968年和1972年的总统大选,尼克松已经在坚定不移地践行"南方战略"时,大肆宣扬戈德华特保守主义的理念精髓,他在1972年的就职演说与其说是在规划本届政府将有何作为,不如说是在表明他们有何不作为。仅仅在12年前,肯尼迪总统还在承诺,"为了留住自由,让自由成功,我们会不惜一切

---

 ① 理查德·尼克松:《尼克松回忆录》,伍任译,郑文华、黄雨时、梁人校,商务印书馆,1978,第345页。

代价,不辞劳苦,支持所有盟友,反击所有敌人"。① 现如今尼克松总统却在同一场合宣称,"美国将他国纷争当作自己的纷争或者指点他国内部事务的日子将一去不复返"。同时,他要用肯尼迪最令人难忘的名言来清算国内所有自由派的纲领:"我们每个人都不要问国家能为你们做什么,而要问问自己能为自己做什么。"②由于"水门事件"的出现,尼克松未能在自己任内带来稳定的共和党"多数派",然而戈德华特心心念念的保守主义事业在60年代的尾声最终得以勃发,一个由本土白人、天主教徒、工人阶层组成的保守派选民联盟得以在短短的十年后为里根政府带来了政党中兴,全面碾压了温和派的中间主义路向,实现了对未来半个世纪共和党政党纲领的根本性重塑。

(二)民主党激进主义的漫长求索

与共和党同病相怜,在20世纪60年代末期,民主党遭遇的是1896年民主党与人民党合并以来最为严重的政党分裂,整个政党既要坚定守护新政基本盘,又要支持汹涌的反建制力量,既要保卫"老南方",又要兼顾西部崛起的中产阶级,旧时代与新时代、旧势力与新势力在同一个十年将民主党向两端撕扯,彻底撕裂了整个政党的身份认同。1968年芝加哥民主党代表大会过后,约翰逊式的实用主义和派系政治身败名裂,民主党在大选惜败后痛定思痛,深刻汲取芝加哥代表大会教训,专门成立了麦戈

---

① John F. Kennedy, "Inaugural Address," at Washington D.C., January 20, 1961, accessed January 31, 2021, https://www.jfklibrary.org/archives/other-resources/john-f-kennedy-speeches/inaugural-address-19610120.

② Richard Nixon, "Oath of Office and Second Inaugural Address," The American Presidency Project, January 20, 1973, accessed June 7, 2020, https://www.presidency.ucsb.edu/documents/oath-office-and-second-inaugural-address.

文—弗雷泽委员会重塑党内初选规则,由集体投票法改为比例投票法,减少了党内大佬对提名过程的影响,将权力下放至全体党员手中,并为少数族裔、女性选民和青年选民提供了更大的代表权。这一做法在政治氛围乌烟瘴气的60年代是极其进步、极具革新意识的,麦戈文曾经自豪地表示,"我打开了民主党的大门,有2000万人走了出来"。[①]然而从选举政治的角度来看,这一改革使得民主党原本的分裂问题更加严重了,民主党选民在表达自身政治信仰上拥有了更大的自由度,可以更加自如地按照投票偏好为候选人站队,从而使得原本可以受到控制的派系分野更加清晰化、绝对化了。

自建国以来,美国自由主义的核心本能和精神自豪在于,确保每一个人都拥有绝对公平的历史机运。在两个多世纪的时间里,美国自由主义者的战争——反对乔治·华盛顿、反对银行、反对奴隶主、反对铁路、反对托拉斯、反对企业主——悉数反映了一种超越政治的理论,这种理论是国家文化的本质,也即没有人应该被归锁于一个他所没有机会逃脱的类别中,不能因为他的肤色或种族而被锁住,不能因为他缺乏教育机会而被锁住,也不能因为他的出身、父母、年龄抑或贫穷而被锁住。20世纪60年代风起云涌的十年重新唤醒了美国自由主义者的精神信仰,他们坚信政府是践行自由主义道德的主要工具,政府必须通过平权运动来实现其道德目标。在这样的理念指引下,自由主义不再是民主党用来团结选民的政治工具,转而成为该党宣扬道德至上的政治图腾,自由主义从一种相对中性的政治理念逐步转为依附于极左翼的政治神学。最开始,是肯尼迪政府打开了战后自由主义的

[①] Jonan Goldberg, Nedrenaline Rush, *National Review*, August 11, 2006, accessed June 7, 2020, https://www.nationalreview.com/2006/08/nedrenaline-rush-jonah-goldberg/.

大门；而后，约翰逊政府令自由主义在民主党主导下的国内政治议程中畅通无阻，一批又一批满怀自由信仰的选民群体在此后的十年加入民主党。1964年，黑人作为一支绝对正当的政治力量被民主党人接受；1968年，大规模的学生叛乱深刻冲击了民主党的派系政治，主流民主党领袖并不十分情愿地接纳了这一充满争议的选民群体；1972年，女性选民作为第三波新晋登上历史舞台的选民力量加入民主党。在60年代，占据了道德制高点的自由主义"神学"逐步取代了罗斯福新政—约翰逊"伟大社会"的实用主义工程，民主党选民更加清晰地认识到了什么是历史正当与政治正确，却显而易见地减少了在选举中对于自身政党的行动支持，他们更希望自己的私人生活不受道德、战争、骚乱或暴力的困扰，他们转而更加拥戴共和党人提出的"法律与秩序"的口号。在诗歌与实用主义之间的循环往复中，在民主冒险特有情绪的代际转换中，投票给麦戈文的少数派的想法仍然会再次出现在他们所在的时代，但在这些思想有了新的形式、新的形态、新的视角之前，绝大多数美国人不会再被召唤出来为民主党人的自由主义事业而奋斗。[①]

在后约翰逊时代，伴随自由主义意识形态的道德化和神圣化，民主党人开启了一场漫长的政党路向探索之旅。1972年，作为麦戈文—弗雷泽委员会党纲的首位受益者，麦戈文在总统竞选中竭力拉拢反战活动分子、性解放者和女权主义者，竭力与传统的新政基本盘作以区分，最终收获了一场戈德华特式的惨败。1976年，民主党悬崖勒马，回光返照般地重回"老南方"寻找自己的政党灵魂，在"水门事件"的颠覆性冲击下勉力将卡特送

[①] Theodore H. White, The Making of the President 1972 (New York: Harper Collins e-books, 2010), pp. 118, 948.

上了总统席位，然而这位主打"信任与爱"的佐治亚州参议员在此后4年畏首畏尾、跌跌撞撞的政治表现充分证明，"老南方"一去不复返，民主党在此后再未尝试在南方寻找自己的政治继承人。[①] 1984年，民主党别出心裁推出了蒙代尔和费拉罗"职业律师+女性"的候选人组合，再次收获了一场比麦戈文竞选还要糟糕的大败。1968年，民主党在约翰逊任内亲手撕裂了罗斯福新政基本盘，在此后的20年间，党内各派系在黑暗里向着不同的方向摸索，几乎每种政治意见都得到了表达，然而始终没有人尝试把新政基本盘修复回去，这一混乱状况直至1992年克林顿参加总统竞选才正式结束。

在20世纪60年代，民主党与共和党各自经历了一次少数派对多数派的逆袭，各自收获了一场选举政治上的大败，各自在大败后重新确立了自己的政党路向。然而事后再看，两党的政治命途迥然不同。共和党在1964年并没有真正失败，戈德华特在新政联盟最为坚固的战争年代敢于公开反对罗斯福、在党内温和派的高光时刻大肆批评艾森豪威尔的妥协立场、在平权运动风起云涌的浪潮下塑造并定义了保守主义。在1964年的共和党全国代表大会上，戈德华特对所谓的政党分裂毫不在意，他在演讲中自信地表示，"凡是全心全意跟我们在一起的，我们表示欢迎；至于那些对我们的事业漠不关心的人，在任何情况下，我们也不打算请他们加入我们的队伍"。那场震撼人心的演讲中最为高潮的部

[①] 在1976年，卡特的竞选口号带有极强的针对性与功利性，"信任"是专门为尼克松共和人准备的，"爱"则是为了最大限度弥合分歧、争取左右两派选民。卡特提出，"我不喜欢政府里发生什么自私的事情，我想我所要的也是你们所要的东西，而这就是使我们的国家再一次有一个像美国人一样善良、正直、体面、真诚、公正，有能力、有理想、有同情心和充满着爱的政府"。参见莱斯利·惠勒：《吉米·卡特》，北京大学法律系编译组译，人民出版社，1978，第107页。

分，是戈德华特坚定直面那些指责他正在把共和党带向覆亡的自由派议员，他引用了西塞罗的名言，"让我提醒你们，捍卫自由时的极端并不是罪恶，追求正义时的温和也绝非美德"。① 历史对这一刻做出了定论，戈德华特最终被奉为当代美国保守主义的"伍德斯托克"②，他在1964年的竞选宣言为共和党带来了奠基性的政治遗产，《保守派的良心》鼓舞了正在不断壮大的年轻的保守派，深刻影响了包括卡尔·罗夫、帕特·布坎南、迈克尔·迪弗和杰西·赫尔姆斯等一批共和党人的政治信仰，发起了一场为美国选民摆脱奴役而进行的"十字军东征"。里根在1980年的胜利是戈德华特主义的彻底胜利，里根所奉行的在本质上就是没有戈德华特的戈德华特主义，正如乔治·威尔所言，"我们那些在1964年为他投票的人相信他赢了，只不过我们用了16年的时间来计算票

---

① "News Analysis; The Extremism Issue; Aides Say Goldwater Sought to Extol Patriotism and Defend His Party Stand," *The New York Times*, July 23, 1964, accessed June 7, 2020, https://www.nytimes.com/1964/07/23/archives/news-analysis-the-extremism-issue-aides-say-goldwater-sought-to.html. 关于这一在美国保守主义历史上垂诸永久的千古名句，有一件事情值得记述。《尼克松回忆录》中提到，这一关于"极端主义"的政治表态给共和党带来了如此大的杀伤力，以至于演讲过后，艾森豪威尔和党内温和派代表专门召开会议要求戈德华特进行修改，并在公开场合对自身的失当言论进行澄清。迫于党内压力，戈德华特曾一度同意将该句表述调整为"全心全意地致力于自由，是不可摧毁的；而半心半意地致力于正义，则是无法防卫的"。然而，在共和党精心安排的发布会上，戈德华特在演讲中公然推翻了此前承诺，仍然坚守自己的政治立场，最终使得共和党的分裂成为不可逆转的事实。详见理查德·尼克松：《尼克松回忆录》，第336页。

② 在摇滚界，伍德斯托克特指1969年在美国纽约州北部伍德斯托克市举办的首届音乐节。在20世纪60年代末的反政府、反建制、反文化社会思潮下，这场音乐会成为美国一代青年逃避世俗生活、遁入精神乌托邦的一场盛宴。历史学家费尔德曼曾经这样形容伍德斯托克："人们在这里经历的是一场一生中绝对只有一次的事件，它成分复杂，无法复制，如同狄更斯所说，这是最好的时代，也是最坏的时代。"本文借用这一文化标签以形容戈德华特在美国战后保守主义历史上独一无二的开创性地位，同样的比喻可见 Elizabeth Tandy Shermer, *Barry Goldwater and the Remaking of the American Political Landscape* (Arizona: University of Arizona Press, 2013), p. 263.

数"。① 亚利桑那州另一位参议员约翰·麦凯恩在1987年继承戈德华特政治衣钵时也曾满怀深情地总结道,"是戈德华特成功地将共和党从一个东方精英组织转变为一个属于里根的政党"。② 尽管戈德华特从未获得一场总统选战的胜利,但美国历史上一再发生的情况是,总统职位竞选的失败者对选举政治的经久影响几乎与胜利者一样多,威廉·布赖恩、阿尔·史密斯能够做到的事,巴里·戈德华特同样能够做到。

与共和党在20世纪60年代的脱胎换骨截然相反,民主党的"伟大社会"梦想在约翰逊退选之后彻底迷失。回头再看,麦戈文在1972年所做的很多事情某种程度上其实是"伟大社会"政策的延续,其所提出的反抗经济不平等和阶层分化的竞选主张原本只是为了修缮这个社会存在的一些既有问题,其所呼吁的联邦援助、税制改革和医保计划在此后半个世纪逐步成为美国主流公共政策的一部分。然而,这些务实的政策主张最终被看似更为宏大的自由主义事业所冲淡了,被疯狂的学生、瘾君子和反战主义者

---

① George F. Will, "The Cheerful Malcontent," *The Washington Post*, May 31, 1998, accessed June 7, 2020, https://www.washingtonpost.com/wp-srv/politics/daily/may98/will31.htm.

② Lloyd Grove, "Barry Goldwater's Left Turn," *The Washington Post*, July 28, 1994, accessed June 7, 2020, https://www.washingtonpost.com/wp-srv/politics/daily/may98/goldwater072894.htm.

所忽视，被共和党人对"大赦、堕胎和大麻合法化"①的政治诽谤所掩盖。在60年代，每一名选民都必须选择立场，你打算坚守无聊的"法律与秩序"，还是将自己投身于革命和激进主义？这是民主党极左翼选民代替麦戈文发出的时代叩问。在1972年，麦戈文原本拥有比肩戈德华特在1964年为共和党建立功勋的历史机遇，事实上他也的的确确坚守了自己的政治信仰，将一代年轻人成功引入民主党的自由主义事业。然而，民主党内部只有一小撮人最终选择了跟随麦戈文主义的脚步，并在此后的20年间跌跌撞撞、举步蹒跚。这批人中的绝大多数最终灰心丧气地离开，转而去做其他事情，1972年的总统竞选在他们的生活中逐渐消失，成为遥远的时代记忆。克林顿夫妇曾在60年代末为麦戈文主义激情呐喊，但在90年代初竞选时也"一直警惕自己会与麦戈文主义有任何公开牵扯",②这场持续性的政治灾难甚至一直蔓延至2016年和2020年的桑德斯竞选。③与里根在1980年重塑戈德华特主义的政治荣光不同，当新民主党人在20世纪90年代出人意料获得胜利时，没有人将之定义为一场迟来的麦戈文主义的胜利。肯尼迪

---

① 这一口号被简称为"The Three A's: Amnesty, Abortion and Acid"，主要用以影射麦戈文的几大自由主义立场：支持特赦反战人士、支持堕胎和支持大麻合法化（Acid是LSD毒品的俚语表达）。事实上，麦戈文的政治主张远没有政敌所抨击的那么激进，尽管他支持特赦，但始终强调要根据情况对逃兵进行处理；尽管他支持堕胎，但仅仅主张将这一权力从联邦层面下放至州政府层面；同时，麦戈文从未支持大麻合法化，仅仅表示应该取消对轻微致幻物的违规监禁，事实上，他的女儿正是毒品的严重受害者。这一口号据传来自麦戈文的竞选伙伴伊格尔顿，后者在党内初选阶段对麦戈文进行了隐秘的攻讦，直至其逝世后这一丑闻才得以暴露。在1972年总统竞选中，尼克松和共和党抓住这一口号对麦戈文进行了大肆诽谤。

② Bruce Miroff, *The Liberals' Moment: The McGovern Insurgency and the Identity Crisis of the Democratic Party* (Kansas: University Press of Kansas, 2007), p. 291.

③ 在《新兴民主党多数派》一书中，约翰·朱迪斯和瑞·泰克希拉将这一现象称为"乔治·麦戈文的报复"。参见John B. Judis and Ruy Teixeira, *The Emerging Democratic Majority* (New York: Scribner Publishing, 2004)。

在1962年曾经宣称,伴随社会变迁,美国将不再需要"曾在20世纪的过往历史中经常扰乱这个国家的那种激情运动了"。① 肯尼迪诅咒的应验是民主党在后平权时代的最大政治悲剧,在此后的20年间,民主党尝试了各式各样的政治路向,却"再也没有机会谈论他们充满激情的目标和热情似火的梦想了"。贯穿整个第六政党体系,民主党自始至终缺乏一个能够重新唤醒选民信仰的政党纲领,汉弗莱、麦卡锡与麦戈文都曾是各自领域极富学养的专业教授,卡特、蒙代尔与杜卡斯基代表了民主党内部各色各样新晋的选民群体,然而自麦戈文主义湮没后,整个民主党的自由主义事业始终死气沉沉、内讧不断,无法爆发出与共和党保守主义实力对称的政治激情。民主党的同僚可能厌恶保守派共和党人的意识形态,但他们却是如此羡慕这些共和党对手——他们至少有自己可以相信的领袖。② 沮丧的民主党人逐渐意识到,除了反对右翼、反对保守、反对旧时代以外,他们的政党根本没有自己的目标和使命,他们的政治激情也已经不复存在。在历史动荡的20世纪60年代过后,在一场大起大落的关键性选举过后,共和党实现了涅槃重生,而民主党在政治路向上的漫长求索才刚刚开启。

---

① 塞缪尔·亨廷顿:《美国政治:激荡于理想与现实之间》,第283页。
② Bruce Miroff, *The Liberals' Moment: The McGovern Insurgency and the Identity Crisis of the Democratic Party*, pp. 1, 302.

第五章 "第三条道路"与民主党的温和回归

一、冷战结束与新民主党人的异军突起

20世纪90年代初，美国在一场逾越了整个第五、第六政党体系的漫长对抗后收获了冷战的胜利，结束了弥漫于东西两端令人窒息的外部压力。作为一种结构关系变迁的内化效应，冷战结束重新拟定了美国在20世纪最后十年的国家命题，给美国的选举政治格局带来了深远影响。1992年，民主党在新生的政治气候里迎来了首场总统选战的胜利。这是一场真正的胜利，克林顿的当选结束了共和党在过往24年控制白宫长达20年的时代，结束了保守主义试图修正甚至推翻新政自由主义的连续性努力。民主党人同时还得到了国会众议院和地方选举的胜利，自卡特政府后重新实现了对立法机构的完全控制。随后克林顿于1996年获得连任，成为自罗斯福以来第一位成功连任的民主党总统，考虑到新政基本盘对战后美国选举政治经久的控制力，这一点多少有些令人难以置信。

然而，如果仅仅是以上这些成绩，并不足以凸显1992年总统竞选的格外特殊性。克林顿的胜利是世纪之交美国选举政治的重

要分水岭，只是这一属性在彼时并不明显，甚至连民主党自己也觉得这只是一场狡黠的胜利。克林顿的头号竞选顾问詹姆士·卡维尔在选举获胜后几个小时接受采访时曾不无谦虚地指出，"大家都认为共和党人已经锁住了所有选区，但我们侥幸地找到了钥匙"。① 这一表述十分准确，1992年，克林顿在老布什身携冷战和海湾战争两场巨大胜利的盛名之际一举将共和党人击败，距离1984年里根以秋风扫落叶之势完虐蒙代尔、宣告保守主义政治中兴仅仅只有8年时间。1985年的全国保守主义政治行动会议上，里根曾经在演讲中自豪地宣称，1980年和1984年的胜利为一个新的保守主义政治正统学说打下了基础，并将远远超越他的政府而延续下去——"历史的潮流正在不可阻挡地朝着我们的方向发展，为什么？因为对方的思想实际上已经十分匮乏，他们没有更多可以拿来说道的东西，对争论不能做出任何补充"。② 里根的傲慢并非没有资本，这恰恰就是1968年以后民主党人灵魂枯竭的真实状况，"麦戈文的竞选是民主党最后一次有机会激情地谈论他们的政党纲领、宣告他们火焰般的政治理想。然而，几乎在少数派篡权的同时，他们发现自己濒临有记录以来最为严重的自由落体之一"。③ 麦戈文大败后的十余年里，民主党遭遇了长时间的路向迷失，接连三届候选人被共和党轻而易举地击败，"任何一位民主

---

① Jules Witcover, "Clinton Campaign Credits Success to Early Start, Careful Targeting of States," *The Baltimore Sun*, November 5, 1992, accessed September 28, 2020, https://www.baltimoresun.com/news/bs-xpm-1992-11-05-1992310209-story.html.

② Donald Reagan, "Remarks at the Annual Dinner of the Conservative Political Action Conference," March 1, 1985, accessed September 28, 2020, https://www.reaganlibrary.gov/archives/speech/remarks-annual-dinner-conservative-political-action-conference.

③ Bruce Miroff, *The Liberals' Moment: The McGovern Insurgency and the Identity Crisis of the Democratic Party*, pp. 1-2.

党人，无论多么南方、多么亲战、多么遵循中间路线，最终统统是麦戈文主义者。1972年以后，里根发起的保守主义运动从根本上剥夺了民主党人对于自身政治立场的定义权，反麦戈文主义为共和党扮演了反共主义曾经为民主党扮演的大一统效用"。① 1976年，卡特的孱弱登台宛如民主党的回光返照，在经济、伊朗、冷战等所有美国民众最为关心的国家命题面前，民主党充分暴露了政党路向的迷惘与无力。1984年，时隔麦戈文惨败12年，民主党人再次遭遇了另外一场令人恐惧的大败，里根在一场极为普通的和平年代竞选中拿下了50个州中的49个，麦戈文民主党人在从联邦到地方的各级竞选中几乎无人胜出。平权运动以后的20年里，民主党始终在汲汲捍卫文化自由主义的虚幻价值，与这个国家可触可摸的真实温度渐行渐远。与此同时，戈德华特只用了一个简单转身就为共和党带来了长周期中兴，如果美国的国家意志任由里根保守主义这样牵引下去，20世纪最后的30年可能与开始的30年没有什么不同——民主党人几乎无法走入白宫。

　　1984年总统选战过后，党内的中间派民主党人采取了行动。比尔·克林顿、阿尔·戈尔和乔·拜登等立场温和的民主党新生代力量组织成立了民主党领导委员会，正式宣告与麦戈文主义的极左路线划清界限，在选举纲领上对民主党进行革命性重塑。克林顿敏锐地意识到老布什政府失效的经济治理正在给美国社会带来挫败感，冷战结束正在疾速改变这个国家的经济面貌、政治生态和选民结构，年轻的力量、生长的欲望、蓬勃的朝气在整个社会的各个角落暗涌，里根保守主义的旧式传统和教条主义在新的

---

① Daniel McCarthy, "McGovern Beats Nixon," *The American Conservative*, January 12, 2009, accessed September 28, 2020, https://www.theamericanconservative.com/articles/mcgovern-beats-nixon/.

政治气候里显得古板而无趣。毋庸置疑,美国正在迎来一个完全崭新、充满未知的时代,只是民众对于这一点的认知还不是那么清晰坚定。如果民主党人有一个机会可以重新回归于选民身边,告诉他们自己将成为这一时代的护卫者,那么他们绝不能够给老布什两个任期的机会,而且在冷战刚刚结束后的1992年就要果断采取行动。在那一年克林顿所做出的不计其数的竞选演讲中,他反复向选民承诺将为美国带来一个变革性的"新誓约",他指出美国正在面对两大外交挑战,一是必须确立一项基于冷战胜利之上的新的国家安全政策,二是必须制定一项新的经济政策,通过开创一个促进全球经济增长的新纪元来为美国选民服务,相较而言,后者更为重要。① 在其中一场演讲的结尾,克林顿引用了1862年林肯总统面对美国历史上另外一个重大挑战时所做的国会演说,"面对当前的这场暴风雨,寂静的、既往的教条已经不适用了。这个机遇困难重重,我们必须有能力应付这个局面。我们的情况是崭新的,我们必须重新思考、重新行动。我们必须解放我们自己,而后我们将拯救我们的国家。公民们,我们不能回避历史"。②

对于民主党而言,1992年克林顿取得的胜利是一次举旗定向的关键性选举。直至此后许久,两党才逐渐意识到,一个新的政党体系已经在20世纪最后十年诞生,克林顿本人为这一政党体系注入了不可磨灭的灵魂。克林顿离开白宫以后,民主党人在世纪之初推出了克林顿主义的忠实继承人阿尔·戈尔和约翰·克

---

① 吉姆·穆尔、里克·伊德:《克林顿——只争朝夕的年轻人》,汪有芬等译,东方出版社,1992,第256页。

② Bill Clinton, "A New Covenant for American Security," an address at Georgetown University, December 12, 1991, accessed September 28, 2020, https://thetechnocratictyranny.com/PDFS/1991_Clinton_New_Covenant_Security.pdf.

里，在2008年一口气推出了克林顿夫人和奥巴马两位根正苗红的新民主党人，在2016年和2020年再次推举克林顿夫人和新民主党的首批创始人乔·拜登。在整整30年的时间里，民主党除了在2004年和2016年、2020年短暂地由两位同样来自佛蒙特州的极左派候选人领跑之外，其历任总统候选人全部是清一色的新民主党人。与罗斯福、肯尼迪这些民主党历史上重要的政治家族相比，克林顿夫妇形单影只、茕茕孑立，没有人意识到政治血脉的延续可以以这样的方式在整整一代政党体系里稳定传承。在1992年，即便是最乐观的判断也只会将克林顿视为"民主党的艾森豪威尔"，认为其最多只能在里根保守主义的政治阴霾下苟且两个任期，1996年的金·里奇革命、1998年的弹劾风波与2000年小布什的胜选无一不在为这种判断提供佐证，然而克林顿硬是将新民主党人的政治生命延续到了2020年。与此前两个政党体系不同，民主党和共和党的角力在第七政党体系开始归于紧平衡，双方在总统竞选中你来我往、轮流坐庄，在国会竞选中不让须臾、寸土必争，连续多届选举都是差距较小的均衡博弈，没有任何一方敢于宣称自己对这个国家获得了绝对的控制力。对于共和党人而言，他们的力量仍然源自戈德华特与里根的政治遗产；然而对于民主党人而言，他们的力量源自对一个崭新时代的深刻理解和准确判断，这个时代的楔子议题早在第七政党体系的开端就已经为克林顿所预见——"笨蛋，是经济！"[①]

[①] Michael Kelly, "The 1992 Campaign: The Democrats, Clinton and Bush Compete to Be Champion of Change; Democrat Fights Perceptions of Bush Gain," *The New York Times*, October 31, 1992, accessed September 28, 2020, https://www.nytimes.com/1992/10/31/us/1992-campaign-democrats-clinton-bush-compete-be-champion-change-democrat-fights.html.

二、第七政党体系的楔子议题

第七政党体系的楔子议题于1992年正式启动塑造。此前一年，老布什身携冷战与海湾战争两场历史性胜利归来，甚至不屑于发表一场声势浩大的胜利演讲，民众支持率依然达到令人生畏的91%；一年过后，选民们看到老布什在总统候选人辩论中面对观众提出的国债问题支支吾吾地表示"或许我没有明白你的问题"，随后克林顿接过这一话头侃侃而谈，并在回答结束后给了这名观众一个拥抱。克林顿的竞选顾问卡维尔将那一刻定性为民主党在1992年胜选的绝对时刻，如果再往后看20年，那或许也是第七政党体系启动塑造的绝对时刻，民主党候选人回答的不仅仅是一名观众的提问，更是一个时代的追问。

（一）"看我的嘴唇，不增税！"[①]

总体来看，老布什出现在美国选举政治中的时间节点是一场不折不扣的尴尬。在其短暂的4年任期中，头两年美国的国家命题还是与苏联对抗，后两年却突然转为对于新经济的期盼。老布什是传统的东北部共和党人，是洛克菲勒以后美国选举政治再未出现过的温和派总统，洛克菲勒主义的核心命题之一是如何应对一个充满恐惧的外部世界，老布什多年的外交生涯和长达8年的副总统任期几乎全部在践行这一政治使命，他曾多次表示自己喜

---

① George Bush, "Address Accepting the Presidential Nomination at the Republican National Convention in New Orleans," August 18, 1988, accessed September 28, 2020, https://www.presidency.ucsb.edu/documents/address-accepting-the-presidential-nomination-the-republican-national-convention-new.

欢处理外交政策多于国内经济问题。然而，1992年的选举结果证明，冷战结束后，美国选民关注的楔子议题已经发生了深刻变化，不幸的是，老布什从里根手中接过的政治负债远远超过其政治遗产。

当里根于20世纪80年代初步入历史舞台时，美国社会的经济顽疾是滞涨、通胀与高失业率，里根选择了供给学派的救急药方，通过减税负、扩支出、去管制来刺激生产和投资大幅增长，美国经济革命性突破了越战以来十余年的震荡横盘，全方位打开了新一轮的上行区间。然而，为了确保对苏联经济的绝对优势，里根的施政纲领多少显得有些"竭泽而渔"，提前透支了美国经济应有的增长节奏：从GDP增幅看，经济的单季峰值在1983年第二季度达到9.4%，随后尽管高景气区间仍在延续，但行至1986年一季度已经回落至3%以下，走低趋势已经形成；从财政赤字看，为了支持里根政府的军备开支，美国的联邦财政赤字在80年代整整增长了5倍，从1980年的590亿美元暴涨至老布什离任时的3000亿美元，国债由9140亿美元暴涨至4万亿美元；从市场反应看，里根在1985年签下的"广场协议"导致美元大幅贬值，美国股市应声启动了一轮价值翻倍的景气周期，至老布什竞选总统时刚好上涨乏力、摇摇欲坠。

当老布什于80年代末步入历史舞台时，整个社会对于里根的造神运动正值顶峰，里根在盛名鼎沸之际将保守主义的政治衣钵和一张巨大的空头账单交予老布什，共和党顺势将老布什塑造为里根不二的合法继承人，宣称所有里根政府的执政纲领会继续保留，美国的经济盛况和民族自信会自动延续。在保守主义盛行的新罕布什尔州，老布什在竞选首战被迫做了著名的"看我的嘴唇，不增税"的政治承诺，这是老布什政治生涯极为少见的鲜活之举，最终却成为其永远无法摆脱的政治梦魇。老布什在内心深处并不认同里根的经济政策，他将供给学派视为一种不切实际的虚妄哲学，在还没有被定义为里根接班人的1980年，老布什曾多次攻击供给学派是带有邪恶色彩的巫毒经济学。[1] 面对整个国家疾速增长的负债，老布什与那个时代的美国选民一样，对于这个不知走向何方的庞然大物充满恐惧，他担心美国会为之严重拖累，最终重蹈苏联亡国的覆辙。1988年，老布什在竞选时提出建立一个"更为温和、仁慈的美国"的口号，目的就是适度收敛前任政府过于放任的经济政策。然而到了1990年前后，里根政府竭泽而渔的严重后果已然无法阻遏，经济滞涨、失业率陡增、股市暴跌接连出现，财政赤字仍在加速上涨，在此形势下曾承诺不增税的老布什顶着巨大的党内压力在任内推行增税。

这一做法彻底断送了老布什的连任竞选，戈德华特和里根用了30年的时间为共和党塑造了一批志虑忠纯、立场坚定的右翼选民，这批保守主义的政治拥趸在1992年将老布什视为塔夫脱式的叛徒，猛烈抨击其背弃竞选承诺、背弃里根保守主义，高达25%的共和党背叛选民表示这是他们转投克林顿阵营的根本原因。为了护卫里根保守主义这面旗帜，老布什在1992年面对党内铺天盖地的声讨和责难选择了沉默，在整个竞选期间对于经济议题讳莫如深、避而不谈，当克林顿和佩罗用一张张鲜活的图表大肆攻击

---

[1] Catherine Rampell, "The Other Way George H. W. Bush's Passing Was the End of an Era," *The Washington Post*, December 3, 2018, accessed September 28, 2020, https://www.washingtonpost.com/opinions/george-hw-bush-was-the-last-of-his-kind--a-republican-who-didnt-believe-in-voodoo-economics/2018/12/03/25aa090a-f740-11e8-8c9a-860ce2a8148f_story.html. 在成为里根的副总统候选人后，老布什曾经在多个场合反复辟谣自己对里根的这一言辞攻击。在老布什1987年的传记中，曾经专门花很大篇幅为自己辩解，将之解释为是一种口误。详见乔治·布什:《乔治·布什自传》，涂芝译，柴金如校，世界知识出版社，1989，第178页。

共和党人只顾眼前富裕、将账单留给后人时，老布什甚至没有为自己付出巨大政治代价推行的增税政策做出有力辩护。1992年，共和党完成了一场极其失败的政治宣教，里根保守主义与老布什温和路线在理念上貌合神离，对于选民关注的楔子议题严重缺乏把控。共和党人在彼时并未意识到，老布什的沉默将贯穿整个第七政党体系、足足影响了父子两代人，直至2016年才由特朗普以更加疯狂的方式为共和党找到了新生。

（二）"笨蛋，是经济！"

与共和党不同，民主党在1992年身无长物，没有在任者优势、没有战争胜利光环、没有与里根保守主义可相提并论的精神光环。对于共和党而言，经济问题仅仅是1992年竞选需要格外提防的一个方面；然而对于民主党来说，经济问题是1992年竞选的全部，是克林顿可能实现翻盘的唯一武器。克林顿的经济团队在1992年认为，预算赤字是里根赐予新民主党的一个无与伦比的礼物，里根政府大幅增加的国防支出曾经是如何毁掉苏联的，今天也有可能以同样的方式毁掉美国共和党。削减财政赤字不仅具有巨大的选举效应，而且在政策执行上也具有可行性。赤字降低会同步推动一向持高的长期利率下行，从而刺激民众消费、企业投资，联动促进二级市场繁荣，从而全面盘活美国经济的滞涨局面。共和党人对财政赤字语焉不详，完全是受里根保守主义的教条束缚，不敢大大方方推行增税政策。民主党在这方面并无负面党产，完全可以破釜沉舟、放手一搏。1992年，克林顿将自己的竞选纲领定义为"民众至上"，明确将解决财政赤字问题作为民主党政府的头号工程，在大幅削减预算赤字的同时，克林顿表示会引导有限经费流向社会中低收入群体，大力扶持就业培训、学校建设和民众迁移等社会工程。克林顿花了大量竞选资金渲染财政赤字的巨大风险，大肆炒作那些令人震惊的统计数字。民主党人坚称，如果再不立刻采取行动，到了1996年美国的财政赤字会远远超过3500亿美元，到了20世纪末会高达5000亿美元，一些债务较轻的工业化国家届时会比美国更具有经济竞争力。①

在1992年，经济议题仿佛是为克林顿量身定做的个人议题。克林顿出身于一个贫穷的中部小州阿肯色州，对于州政府的赤字平衡非常敏感。在削减联邦财政赤字问题上，克林顿的政治态度是真诚而笃定的。事实上，克林顿对里根的愤怒比对老布什更加强烈，他曾多次与身边的人谈起对于这一问题的看法，"每个人都爱戴里根，每个人都把责任推到我的头上，他把所有这些麻烦都留给我处理，里根享有圣人的地位，却几乎毁坏了国家经济"。②为了拿下这一关键战役，克林顿与美联储订立了浮士德契约，充分授权美联储执行货币政策，由联邦政府大幅压缩支出，美联储在侧翼推动降息，释放经济增长的源头活水；民主党政府堂而皇之地推动增税，同时利用积极的财政政策扶持中小企业，出人意料地做到了"拔更多的鹅毛，还能保证鹅不叫"。在1993年，克林顿甚至不惜让政府停摆，与金·里奇共和党人在国会尖锐对峙，最终博弈生成的《1993年综合预算协调法》对于克林顿任内的经济持续增长起到了至关重要的作用。整个90年代，克林顿牢牢把住了美国选民最为关心的楔子议题，破陈了束缚经济增长的桎梏，联邦政府的预算赤字自1993年起就已经步入逐步改善的良

---

① 戴维·哈伯斯坦：《和平年代的战争——布什、克林顿和他们的将军》，王振玲、贾令仪译，东方出版社，2005，第294页。
② 戴维·哈伯斯坦：《和平年代的战争——布什、克林顿和他们的将军》，第288页。

性状况,及至克林顿离开白宫时总计留下了630亿美元的财政盈余,国债占GDP比重从1993年的47.8%下降至2000年的33.6%。自二战结束以来,这是联邦政府从未有过此后也再未拥有的财政业绩。克林顿任内为美国创造了1860万个工作岗位,美国的失业率从7.5%下降到了4%,GDP年均增速达到4%,通货膨胀率和经济波动率均降至20世纪50年代以来的最低水平,道琼斯指数和纳斯达克指数足足翻了3倍,《北美自由贸易协定》打开了贸易全球化、自由化的大门,高科技产业、互联网经济蓬勃发展,生产模式、商业活动出现了革命性的变化。[①]

在21世纪到来前的最后十年,克林顿仿佛打开了美国经济增长的潘多拉魔盒,面对来之不易的和平年代和自由时代,民主党一举冲破里根保守主义的政治阴霾,带领美国步入经济增长的新纪元。后来担任克林顿政府财政部长的鲁宾曾评论到,克林顿当选美国总统时就判断,如果不削减财政赤字,经济就无法转到持续复苏的轨道上来,克林顿执政后始终坚持这一策略。毫无疑问,1993年的预算计划和8年财政约束政策对于推动经济进入一个削减赤字促进经济增长、经济增长进一步推动赤字削减的良性循环,对于克林顿执政期间的经济繁荣和财政发展是重要的和不可缺少的。克林顿曾经多次表示,他觉得自己像是一名医生,美国就是他的病人,当这个病人生病时,克林顿认为自己对他的心情和体温了解得非常透彻。他相信自己任何时候都知道该开什么药,不该开什么药。[②] 1992年,面对冷战突然结束出现的复杂局

[①] 相关数据引自"The Clinton Presidency Historic Economic Growth",https://clintonwhitehouse5.archives.gov/WH/Accomplishments/eightyears-03.html,访问日期:2020年9月28日。

[②] 戴维·哈伯斯坦:《和平年代的战争——布什、克林顿和他们的将军》,第128页。

面，民主党人和共和党人或多或少都显得有些手足无措，民主党人的幸运在于他们在历史转折的关键节点上拥有罗斯福以来几乎最为杰出的政治医师，他敏锐地捕捉到了选民正在革新的政治偏好和利益诉求，牢牢扼住了美国的国家命途，将一切处理得极为熨帖，为美国在整个第七政党体系开出了那个年代所能开出的最佳药方。

三、第七政党体系的政党选民联盟

（一）寻回里根民主党人

1992年，民主党人面临一场结构性的选民困境。民权运动给民主党带来了伤筋动骨般的政治折冲，种族牌的政治效能已经释放殆尽，黑人、少数族裔基本盘短期内无法再为民主党提供足够的选民增量，沿着麦戈文主义的自由路向走下去，刻意去逢迎学生、女性、同性恋等新生的选民群体，只会把自己的道路愈走愈窄。与此同时，选区结构也已经为尼克松无比成功的"南方战略"所固化，民主党在1976年尝试利用卡特的南方人身份试盘，意欲重新杀回曾经的优势选区，结果只是得到一次不痛不痒的回光返照。此后接连三届总统竞选，民主党持续在北部寻找候选人，彻底放弃了对南方的政治耕耘。21世纪到来前的最后十年，民主党亟须为自己争取到新增的选民群体，赓续不断萎缩的选举量能。在种族和选区难以做出文章的情况下，民主党人只剩下在社会阶层上做工作这么一个武器。

精彩的是，党内的新民主党人恰恰抓住了这个武器。20世纪80年代中期，当新民主党还在组建阶段，就已经将阶层问题作为党内路线辩论的核心议题，克林顿明确提出，实现政党复兴的关键是要重新夺回里根民主党人。1980年，里根在击败卡特的决定性战役中一举赢得了27%的民主党选民，这是1968年以来出现的最大规模的选民背叛，影响这部分摇摆选民的根本原因是社会权力变迁引发的阶层利益分配不均。这部分选民群体的构成主要有两大部分：其一是以中西部铁锈地带为据点的白人工人阶层，其二是聚集于城市郊区的不断壮大的白人中产阶层。白人工人阶层的故事始于20世纪70年代中后期。二战后的30年时间里，为了维护罗斯福新政基本盘的团结统一，白人工人与战后不断增长的都市黑人以一种奇怪的政治联姻共同支持民主党，双方都在努力攀登美国阶层的楼梯，对于处于食物链顶端的白人精英阶层有着共同的警惕与恐惧。率先实现翻身的是白人产业工人，战后蓬勃发展的制造业催生了一个又一个的工业重镇，塑造了白人产业工人的美国梦，而都市黑人直至平权运动才勉强拥有平等表达自身诉求的权利。然而到了70年代中后期，双方的社会地位发生了令白人产业工人极为不悦的逆转，都市黑人享受了越来越多的社会福利，白人产业工人的生活质量却因为全球化、经济滞涨、工业区衰落而步入下行区间。由于都市黑人集聚效应明显，在关键地区的选区划分中往往具有决定性的作用，在选举政治中的地位也在民主党内部持续抬升，白人产业工人则在平权运动以后逐步沦为"被遗忘的群体"。与此同时，20世纪七八十年代美国社会同步出现的最为重要的社会变迁就是白人中产阶层的壮大，大量城市白人中产者为了躲避不断涌入的外部移民走出市中心，在城郊寻求建立更具精神归属感的"白人乌托邦"。这部分选民中夹杂着大量的西部科技精英、城市商业翘楚、文化艺术人士，在政治传统上仍旧对史蒂文森、肯尼迪、麦戈文民主党充满怀念。他们享受着和平年代前所未有的富足生活，却突然找不到自己和过去的时代联系,感觉失去了存在的根基,迫切地渴望寻求一个可以代表更加安全、更加简单的时代的人物。①

在长达20年的平权岁月里,民主党将整个政党的全部精力集中于黑人和少数族裔群体身上,对白人工人和中产阶层的社会地位变迁缺乏关注。1968年和1972年,民主党在社会和外交政策上逐步失去了这部分选民的支持,然而该党仍然具有竞争力,使民主党团结了50年的是经济民粹主义,是一种自第四政党体系就已经建立起的关于民主党会保护劳苦人民免受经济逆境的坚定信念。"民主党是穷人的党、弱势群体的党——这是一个美国成年人的基本常识"。②然而,卡特政府的经济滞涨摧毁了民主党的最后一根救命稻草,白人产业工人的生活境遇就是在卡特政府时期开始显著走下坡的。1980年,里根经济学完满填补了这部分选民的心灵缺失,这是共和党人在罗斯福新政推行50年后首次在经济问题上敢于与民主党进行正面竞争,并且取得了一场决定性的胜利。事实上,里根民主党人之所以能够出现,根本驱动力并不是政治哲学上的保守主义,而是经济基础上的里根经济学,是里根政府积极、进取、充满朝气的经济政策坚定了摇摆选民游移不定的选举偏好。如果里根经济学完美无瑕,新民主党人在20世纪80年代不仅毫无机会,而且极有可能眼睁睁地看着民主党逐渐沦为一个信仰价值自由主义、从属于社会上等阶层的少数派政党,一场选民联盟重组甚至可能在80年代中期就提前发生。然而里根经济学并不是万能的,新一轮经济滞涨、飞速增长的负债极大

---

① 戴维·哈伯斯坦:《和平年代的战争——布什、克林顿和他们的将军》,第125页。

② Thomas Frank, *What's the Matter with Kansas?: How Conservatives Won the Heart of America* (London: Mcmillan, 2007), p. 1.

动摇了刚刚转换阵营的里根民主党人。许多白人工人选民在5年前感喟里根治世有方，在5年后发现共和党与工会天然缺乏亲近，里根政府对于社会福利几乎完全深恶痛绝。许多郊区中产选民偏爱里根的低税政策，但时常被来自保守主义的宗教原教旨倾向、反环境立场和全球干预政策侵扰，他们在精神世界深处所汲汲渴望的自由主义认同在共和党政府任内始终无法找到皈依。

（二）打造"新新政联盟"

1992年，克林顿成功扮演了美国社会的政治医师，对以上两大摇摆选民群体的核心诉求进行了深入且细致的把脉问诊。他采取了竞选顾问迪克·莫里斯提出的"三角策略"，自竞选时期就毫不掩饰地宣布自己"既不是保守派也不是自由派"，而是一个"新民主党人"、一个"中间派"、一个"艾森豪威尔式的共和党人"。克林顿在演讲中反复强调，"'新誓约'既不是自由主义的，也不是保守主义的；它两者都有，又与两者不同；美国人根本不在乎'左'或者'右'的空泛修辞。他们是很实际的人，面对的是很实际的问题"。[①] 在克林顿看来，民主党有一个极为重要的选民群体，他多次借用历史学家小施莱辛格提出的著名概念"致命中枢"，[②] 主张为了最大限度争取这一选民群体，民主党应该走不偏左也不偏右的"第三条道路"，[③] 其根本原则是站在传统的左右

[①] Bill Clinton, "A New Covenant for Economic Change," an address at Georgetown University, November 20, 1991, accessed September 28, 2020, https://thetechnocratictyranny.com/PDFS/1991_Clinton_New_Covenant_economy.pdf.

[②] Arthur M. Schlesinger, Jr., "It's My 'Vital Center'," Slate, January 10, 1997, accessed January 7, 2020, https://slate.com/news-and-politics/1997/01/it-s-my-vital-center.html.

[③] Bill Clinton, "State of the Union Address," January 27, 1998, accessed December 30, 2020, https://clintonwhitehouse5.archives.gov/WH/SOTU98/address.html.

光谱之上，基线两端是相互对立的自由主义民主党人和保守主义共和党人，总统则悬浮于两者之上和之间的某个位置。① 一方面，为了拉拢里根民主党人，克林顿几乎全盘继承了里根经济学的基础核心——财政保守主义，他坚称自己不想扩大社会福利面，"我们所熟悉的福利结束了""大政府结束了"，② 其任内最为标志性的成就之一是废除了罗斯福新政时期确立的"单身母亲补助计划"；他坚定地支持自由贸易，任内签署了《北美自由贸易协定》、重组了世贸组织、促成中国加入世贸组织。作为一名不左不右的中间派，克林顿对于自己敢于大胆沿承共和党的小政府传统自豪不已，"我们已经走过了那些毫无结果的辩论——有人说政府是大敌，有人说政府是救世主。我的美国同胞们，我们已经找到了第三条道路。我们的政府是35年中规模最小的，却是最进步的。我们的政府规模更小了，但是我们的国家更强大了"。③ 另一方面，克林顿政府仍然保持着民主党多元主义的优良传统，罗斯福新政基本盘在克林顿任内实现了战后第二次升华。克林顿任内启用了美国历史上第一位女性国务卿，内阁成员中女性比例达到41%，而此前任何一届美国政府给予妇女的内阁任命比例从未超过18%。克林顿的南方人属性天然地得到了非裔和拉丁裔选民的大力支持，诺贝尔奖获得者托尼·莫里森甚至将克林顿称为美国历史上的"第一位黑人总统"。④ 在组建新的选民联盟方面，克林

---

① 西德尼·米尔奇斯、迈克尔·尼尔森：《美国总统制：起源与发展（1776—2007）》，第418页。

② Bill Clinton, "State of the Union Address," January 13, 1996, accessed September 28, 2020, https://clintonwhitehouse4.archives.gov/WH/New/other/sotu.html.

③ Bill Clinton, "State of the Union Address," January 27, 1998.

④ Tony Morrison, "Comment," *The New Yorker*, October 5, 1998, accessed January 7, 2020, https://www.newyorker.com/magazine/1998/10/05/comment-6543.

顿最为标志性的成就是成为新兴科技产业与知识精英的政治代言人。克林顿敏锐地意识到，自里根保守主义革命以来，共和党过度偏向于南部的道德主义，忽视了西部的个人主义，那里正在崛起的高科技产业将成为美国经济发展的新引擎，新兴的职业精英应当成为新民主党人的联盟对象。

在团结这部分选民群体的过程中，克林顿同步引发了选民联盟的区域分化。1992年，克林顿席卷了东北部大湖区和整个西海岸，很多地区在此前是标准的共和党红州和摇摆州，自从克林顿在1992年征服了这部分摇摆选民，包括康涅狄格州、特拉华州、伊利诺伊州、威斯康星州、马里兰州、新泽西州和佛蒙特州在内的多个州此后几乎再未离开民主党阵营，民主党成功在东西两岸各构筑了一道坚固无比的蓝墙。这其中，克林顿最为重要的成就是将联邦第一票仓加利福尼亚州纳入民主党麾下。在整个20世纪七八十年代，加利福尼亚州曾经是共和党人最为稳定的西部票仓，这里是孕育了尼克松和里根保守主义的政治温床，是从里根经济学受益最大的选区之一。然而伴随着经济快速发展，加利福尼亚州的拉丁裔和亚裔人口数量出现了激增，1994年、1996年，共和党控制下的加州政府和议会先后通过的两份提案——反对移民享受公共服务的"187号"提案和反对移民公平入学的"209号"提案，引发了一场影响重大的文化战争。这场战争的结果导致民主党的选民登记数量明显激增，加利福尼亚州选民在经济上认同共和党的保守政策之前，在文化上率先皈依于民主党的自由主义理念，成为平权运动以后少数族裔新一轮权利运动的政治先锋。对新民主党人而言，加利福尼亚州的反叛成为其成功夺取里根民主党人的标志性事件，克林顿中间主义在里根保守主义的家乡"鸠占鹊巢"，并在此后的30年间将加州越涂越蓝，直至希拉里在2016年赢得了自罗斯福以来民主党在加州所能得到的最高选票比例。1992年选举之所以可以被定性为关键性选举,从选区的角度来看,克林顿成功翻盘的多个摇摆州在此后30年内始终稳稳地留守在民主党阵营,极少出现投票偏好的回调,这是共和党人在第七政党体系的开端所绝对没有想到的。

四、第七政党体系的政党政治演变

(一)从里根保守主义到克林顿中间主义

20世纪80年代末,布什共和党人与克林顿新民主党人几乎同时面临完全一致的共同困境——如何在不触怒选民基本盘的情况下解构并调试里根保守主义。对于共和党人而言,这关乎如何启动一个新时代的政党中兴问题,至少在冷战结束初期,里根留给共和党的政治遗产看起来足够再塑一个罗斯福新政基本盘。对于民主党人而言,一场选举政治上哪怕极为微小的胜利都是亟须的,这个国家的右派已经用冷战胜利证明了自身政党路向的合法性,而这个国家的左派自麦戈文主义湮没以来长时间如同一具僵尸般死气沉沉。及时斩断里根保守主义,哪怕是通过不那么民主党的方式,这是摆在克林顿1992年竞选面前极为严峻的政治现实。回头再看,克林顿几乎超纲完成了民主党的历史重任。

在风雨如晦的20世纪60年代,里根选择了当时所能想象的最为崎岖的一条道路登上共和党的政治舞台,他与戈德华特确立的保守主义路向同根同岁。1964年10月27日,当里根决定在这一天为戈德华特录制《抉择时刻》演说词的时候,全美国选民都知道在一周之后,约翰逊将不费吹灰之力战胜戈德华特而连任总统,里根仍然坚决将自己的政坛首秀献给这项保守主义事业。

1974年，当里根作为深孚众望的加州州长离任之际，正是共和党的政党威信一落千丈之时。在尼克松仓皇辞职之后，福特在一个月后对他实行了赦免，紧接着共和党在当年的中期选举中失去43个众议院席位、4个参议院席位、4个州长席位。1975年1月的一份盖洛普民调显示，多数美国人认为共和党是不可信任的、无能的、同大企业家密切勾结的，只有18%的美国人愿意承认自己是共和党人。① 在共和党最为艰难的时刻，里根站了出来，他在共和党丢掉加州州长和州议会的第二天公开表态，"我认为共和党并未死亡，我认为共和党基本上代表了美国人民的思想，如果我们能把那种想法向人民表达清楚的话，现在就让我们来做这项工作"。② 到了80年代，里根在美国选举政治舞台正式登场前，他几乎已经成为恐惧包围下的美国选民最后的政治信仰和精神佑庇，面对越南战场屈辱撤军、伊朗人质危机、能源价格暴涨、经济长期滞涨等一系列重大灾难，自信的里根仿若一副政治解药，在美国国家命途最为关键的历史节点来到了选民身旁。"他似乎就是为那个年代而生的"，"美国需要一个孤独者勇敢地站出来做正确的事情，那样的自我形象给美国人带来了很大的安慰"。即便那一形象与事实并不完全相符，但正如西方人常说的那样，"如果事实和传奇之间不完全一致的话，那么让我们选择相信传奇"。由于里根的存在，80年代的共和党迎来了从未有过的愉悦自洽的选举环境，里根不需要扮演任何角色，只要展现里根本人就可以，只要展现热情、阳光、自信的一面，选民就会源源不断地自动向共

---

① 卢·坎农：《在新的民意测验中共和党形象不佳》，《华盛顿邮报》1975年1月26日。转引自卢·坎农：《从演员到总统：罗纳德·里根》，潘世强等译，道明校，中国社会科学出版社，1986，第218页。

② 卢·坎农：《从演员到总统：罗纳德·里根》，第218页。

和党涌来。

然而,克林顿并不具备这样的基础,新民主党人的政治路向开启得十分艰难,不得不刻意逢迎每一个群体的利益需求,在罗斯福的自由派选民和里根的保守派选民之间小心翼翼地调试自身的政治立场。克林顿是唯一能够担当此重任的政治领袖,"民主党自己并没有中心,只有像克林顿这样才华横溢、知道中心应该在哪里、熟谙如何平衡各种相矛盾的力量的人担任领袖时,民主党才会有自己的中心"。① 在克林顿的第一任期,刚刚夺取政权的新民主党人满怀希冀、精力充沛地推行自身的施政主张,在医保政策、外交政策方面,克林顿尝试将民主党的政党纲领向自由化方向牵引,不仅未能通过任何一项自由派立法,反而导致民主党人在南方严重失分,直接触发了1994年的金·里奇革命。中期选举的惨痛教训使得新民主党人深刻意识到,这仍是一个没有完全脱离里根保守主义的时代,"20世纪90年代显示了自由主义的局限性,尽管美国左派拥有它的祈祷者所希望拥有的一切——一代人中最有才干的政治家、长时间的和平繁荣、共和党一系列的失策——但美国政治的议程是由右派来制定的"。② 事实上,纵贯整个第七政党体系,每当民主党侥幸获得权力,共和党人的保守主义力量就会在国会发令集结,牢牢地牵制民主党政府的每一项自由主义行动,1994年是金·里奇革命,2011年是占领华尔街运动。面对共和党在理念和行动上的双重围剿,克林顿被迫让渡了新民主党人的政治理想,与立场顽固的共和党人达成妥协,后里根时

---

① 戴维·哈伯斯坦:《和平年代的战争——布什、克林顿和他们的将军》,第129、135页。

② 约翰·米克尔思韦特、阿德里安·伍尔德里奇:《右派国家:美国为什么独一无二》,第89页。

代的右翼环境将民主党引向了克林顿的"第三条道路",温和的中间主义最终成为民主党横贯整个第七政党体系的政治哲学。

  在克林顿以后,无论是失败的戈尔、希拉里,还是成功的奥巴马、拜登,所有向总统宝座发起竞逐的民主党候选人发现自己永远无法摆脱克林顿主义的佑庇。戈尔在总统竞选的最后两周反复表示,"我从未希望见到另一个大政府时代,我是坚信有限政府的人,我不相信哪个政府能够包治百病"。① 奥巴马早在竞选阶段就公开宣布,自己将努力成为下一位罗纳德·里根,其当选后第一次亮明身份时就在新民主党联盟成员会议上宣布,"我是一名新民主党人","我将支持自由和公平贸易","我非常关注回归保护主义"。② 从施政纲领上看,奥巴马未竟的"跨大西洋贸易与投资伙伴协议"与《跨太平洋伙伴关系协定》堪称克林顿的《北美自由贸易协定》的跨洋版本,"快轨贸易谈判授权"的通过更是为总统推行自由贸易政策广开绿灯;奥巴马应对2008年金融危机的办法是大幅减税、给大企业注资,尽可能地减少政府直接干预,这些都是共和党人的典型做法。及至希拉里,美国选民已经懒得再去辨析其政治立场。为了摆脱自己身上的克林顿影子,希拉里在移民、控枪、死刑等敏感议题上部分接受了党内进步派的立场,然而2008年和2016年的两次失败深刻地表明,美国选民坚定地认为克林顿夫妇根本无法分割,一届可能的希拉里政府毫无意外将继续围着克林顿的中间路线打转。《时代》周刊的评价一

---

  ① 约翰·米克尔思韦特、阿德里安·伍尔德里奇:《右派国家:美国为什么独一无二》,第117页。

  ② Carol E. Lee and Jonathan Martin, "Obama: I Am a New Democrat," Politico, March 10, 2009, accessed January 7, 2020, https://www.politico.com/story/2009/03/obama-i-am-a-new-democrat-019862.

语中的——"她拥有左翼的心,却有着右翼的思维"。① 而在2020年,拜登的竞选几乎完全被定性为一场旧时代的选举,一场应该出现在20世纪90年代的选举,拜登从施政纲领、言谈举止到性格特质,都带给选民一种冷战解封时期的传统回忆。拜登与克林顿同为新民主党的早期创始人,某种意义上,2020年总统选举可以理解为美国选民是否仍然愿意接受一个超龄版克林顿继续执政的问题。

(二)从老布什妥协到金·里奇革命

对于共和党而言,妥善安置并有效利用后里根时代的政治遗产是一项同样艰深的任务。殷鉴不远,在后肯尼迪、约翰逊时代,民主党人恰恰是因为未能处理好政党路向问题,直接导致第六政党体系的政党选民联盟重组,全盘优势最终转化为全盘劣势。作为里根的钦定继承人,老布什在后冷战时代所面对的最大问题在于,某种程度上,里根主义所能够展现出的最为迷人的部分已经伴随冷战结束而永远地消散了,里根得以维系保守主义根本在于极端强势的对外政策,现在外部压力骤降下来,这股饱满而极易失序的政治冲动需要从外部世界回归美国本土,如何找到一个合适的立足点承接这部分选民的激情和热望是老布什乃至共和党在世纪之交的首要政治任务。然而在1992年,放眼望去,老布什对于里根遗产在政治上和经济上的二元对立状况感到为难,并以其同样二元对立的执政绩效充分体现出来。在后里根时代,老布什治下的共和党迅速分化为两个派系,一个是东北部的传统

---

① Philip Elliot and David Von Drehle, "Hillary Clinton Is the Hardest One to Know," *Time*, July 21, 2016, accessed January 7, 2020, http://time.com/4416693/hillary-clinton-hardest-to-know/.

派,对于里根极尽扩张的经济政策感到惴惴不安;另一个是来自太阳地带①的新右派,汲汲于全盘继承里根的政治行动纲领。老布什的幸运在于,从地理位置上看,他是刚好连接这两大地带的完美人选。然而老布什的悲剧同样在于,他身上所拥有的对于各个政治派系温和宽顺的兼容气质在后里根时代的尖锐党争面前成为负面资产。在经济政策的改良上,东北部的温和派共和党人明显更欣赏克林顿的中间主义路线,这与老布什的治世哲学并没有什么不同,然而后者始终不敢亮明自身的执政纲领,担心触碰来自南部的派性极强的右翼共和党人。尽管老布什在整个任内试图模仿得克萨斯人的作风,但是看起来总是感觉肢体僵硬,讲起话来底气不足。1992年,老布什遭遇了戈德华特以来共和党所面临的最大分歧,他的竞争对手不仅来自克林顿,还来自党内意识形态更加保守的布坎南,以及党外雄心勃勃的罗斯·佩罗,后者所获得的第三方选票比自1912年泰迪·罗斯福以来的任何候选人都多。老布什跟跟跄跄的总体竞选充分表明,犹疑不定对于处于历史关键节点的共和党是致命的,整个政党必须尽快统一思想,在沿袭还是背叛里根保守主义的根本问题上明确路向。

　　1992年总统选举后,共和党人仅仅用了两年就明确了这一问题的答案。老布什的失利使得整个东北部共和党人整体噤声,这是党内温和派自洛克菲勒三次竞选失败之后的又一次标志性失败。伴随两党极化的日益加剧,艾森豪威尔时期较为平衡中允的美国在未来30年内很难再次出现,看明白这一点后,温和派共和党人在第七政党体系开始加速流失。胜利的一方属于南部保守派,他们曾经在1968年和1980年两次幻想自己永远改变了美国

---

　　① 太阳地带指美国位于北纬37度以南的地区,这里日照时间较长,过去农业发达,现在石油和电子产业快速发展。在选举政治术语中,泛指美国南部各州。

的政治，却发现美国仍然是一个一分为二的国家。解决这一问题的根本办法不是立于中间支点斡旋弥合，而是更加坚定地向着其中的一个方向走去。共和党从里根保守主义彻底转向更加激进、更加冷酷的本土主义，其源头要从帕特·布坎南、拉什·林博、金·里奇这批新保守派开始算起，就是在1992年总统选举失败后的两年内，新保守派共和党人开始变得偏执、易怒而富有攻击性，他们紧密团结在金·里奇的"美利坚契约"的背后，疯狂地攻击民主党人的政治路向，质疑他们的爱国主义，将他们与法西斯主义者进行比较，并指责他们想要摧毁美国。1994年中期选举，金·里奇领衔的共和党一举击败了包括民主党众议院议长在内的52名众议员、10名参议员；1996年，共和党进一步在参议院增加了两个席位。自1952年以来，共和党人整整40年未能在众议院中拥有多数党席位。从1933年到1995年，共和党人同时控制众议院和参议院仅有4年时间。当年的《美国政治年鉴》评论到，1996年只是再次强化了1992年和1994年的教训——新民主党人可以在总统层面上击败旧共和党人，而新共和党人则可以在众议院层面上击败旧民主党人。①

金·里奇革命决定性地改变了共和党在后里根时代的政治路向，为共和党灌输了一种开创性的斗争哲学，借用迪内西·德索萨的评论，我们需要"在哲学上保守，在气质上激进"。② 在保守派共和党人的癫狂年代，两党党争开始步入前所未有的赤裸裸的白刃战，仇恨语言和超党派主义变得司空见惯，民主规范和党争秩序被彻底遗弃。本着革命的名义，议员的职责不再是立法，而

---

① 约翰·米克尔思韦特、阿德里安·伍尔德里奇:《右派国家：美国为什么独一无二》，第89、111页。

② Dinesh D'Souza, *Letters to a Young Conservative* (New York: Basic Books, 2005).

是对抗；众议院不再是理事机构，而是冲突和戏剧的舞台；噪音成为身份政治的代名词，阴谋成为党派斗争的关键利器，"有原则的阻挠主义"横行于世，功能失调成为白宫和国会的常见病症。在第七政党体系的开端，克林顿主义与金·里奇革命几乎同时出现，克林顿为新民主党人打开了一条完美的政治通路，金·里奇同样为新共和党人铺垫了必要的斗争基础，2011年的占领华尔街运动和2016年的特朗普胜选都是新共和党人标志性的革命遗产。在金·里奇看来，国会政治的本质是斗争，两党最终注定要摆脱其身上矫饰的文明特征，恢复到更为真实、更为原初的对抗状态。他将自己当年的革命和特朗普的执政置于一个同样宏大的美国叙事里，认为在过往的半个世纪中，共和党政治发生了四次重大的革命浪潮——戈德华特、里根、金·里奇，最后是特朗普，他们之间的共生之处在于坚定的反自由主义立场。① 沿着金·里奇勾勒的这条政治路向，共和党人在第七政党体系开始坚定右移，并且一去不复返。1972年，当戈德华特主义在尼克松政府初显威力之时，众议院共和党议员的忠诚度只有63%，而到了2000年克林顿离场之际，这一数字已经高达91%。② 整个共和党从选民基础到上层治理，都较民主党人更为团结。克林顿只是成功开创并治理了民主党内的一个派系，然而金·里奇的影响力可以推及整个共和党，其在1994年发动的革命与特朗普在2016年发动的革命在本质上、根基上、方向上完全一致，后者与前者一脉相承。

---

① McKay Coppins, "The Man Who Broke Politics," *The Atlantic*, October 17, 2018, accessed September 28, 2020, https://www.theatlantic.com/magazine/archive/2018/11/newt-gingrich-says-youre-welcome/570832/.

② 约翰·米克尔思韦特、阿德里安·伍尔德里奇：《右派国家：美国为什么独一无二》，第6页。

后里根时代，两党分别坚定而决绝地走上了各自信仰的政治路向。对于民主党而言，新民主党人的一枝独秀在政治影响上优劣均有、毁誉参半。如果不是新民主党人异军突起并拦腰斩断了里根保守主义，民主党在黑暗中的摸索注定要持续到21世纪，并永远地错过冷战结束初期为美国定向的关键时刻。与此同时，也恰恰是由于功利狡黠的克林顿中间主义取代了激情澎湃的民主党自由主义，民主党的政党感召力进一步降低，党内的麦戈文残余在克林顿政府任内不受重用、无处可去，在后克林顿时代接连面对党内建制派的绞杀，克林顿家族在2004年、2016年、2020年三次压制了进步派最有希望的候选人，使得进步派始终无法得到充分生长，出现了严重的青黄不接。在第七政党体系，民主党毫无保留地贡献出两位极为杰出的年轻总统，上一次民主党为美国选民作出此等贡献还要回溯至肯尼迪政府时期。然而，同样是因为新民主党人的党内高压，民主党代际传承的应有节奏被彻底打乱，在2020年，59岁的奥巴马和74岁的克林顿眼睁睁地看着年近80岁的桑德斯和拜登孱弱竞选；与此同时，党内奥卡西奥·科特兹等进步派力量尚未到达总统竞选年龄，民主党在后特朗普时代本应爆发出巨大的政治反攻能量，却面对无人可用、无人能用的尴尬局面。

对于共和党而言，第七政党体系是一个关键的分水岭，戈德华特、里根所代表的保守主义开始迅速演变，金·里奇革命、占领华尔街运动的成功，小布什、特朗普的接连执政带来了神谕般的政治启示，共和党人后知后觉地发现，原来他们从来就不需要像民主党人一样四处寻觅并小心呵护自己的选民基本盘，"共和党是美国政府中的天然党,美国本就是一个右派国家",① 共和党人只需要将自己最肮脏的政治本能发挥出来,与美国本土选民沆瀣一气,重新回到盎格鲁—撒克逊化的老路,就可以以最廉价的政治成本持续性地代言美国。30年前,民主党人如何在左派道路上激进前行,共和党人在今天就可能以同样的方式朝着完全相反的方向狼奔豕突。特朗普政府是后里根时代共和党最为重要的政治实验,实验大获成功,共和党清晰地触摸到了本土选民的保守底线,再次明确了"大佬党"存在的意义——为美国代言——越保守、越美国,越激进、越正确!1992年,克林顿刚刚将民主党从激情燃烧的岁月里召回,24年过后,特朗普再次将共和党引向新的动荡方向,民主党的温和回归与共和党的激进右倾最终在同一个时代先后上演。对于那部分永远不愿承认特朗普存在的民主党选民而言,2016年只是历史的一次莫须有的突然绽出,但是对于那些将特朗普视为共和党新的克里斯玛的忠诚选民而言,历史似乎已经在这一刻不可阻遏地迈向了下一场关键性选举。

---

① 约翰·米克尔思韦特、阿德里安·伍尔德里奇:《右派国家:美国为什么独一无二》,第6页。

第六章 "特朗普革命"与共和党的激进右倾

一、美国选举生态的繁荣与混乱

世界政治步入2016年,全球范围内民粹主义、本土主义、保护主义剧烈回潮,反移民、反建制、反全球化氛围凸显。是年6月,英国全民公投决定脱欧,正式掀起了21世纪世界政治的激烈动荡。几乎同一时间,特朗普在大西洋彼岸接受共和党总统候选人提名,在演讲中向着惶恐与错愕下的美国选民呐喊,"没有人比我更了解这个制度,这也是为什么只有我才能够拯救它"。①

当特朗普夸下海口的时候,民主党正在为即将迎来戈德华特以来最为孱弱的竞争对手而弹冠相庆,共和党议员只有寥寥数人愿意为这名疯狂的非传统候选人提供政治背书。然而4个月后,特朗普在一场教科书般的经典选战中一举击败了新民主党当仁不让的克林顿主义接班人希拉里。此后4年,特朗普几乎完全以一己之力戳破了第七政党体系的繁华表象,将美国社会深入骨髓的种族问题、将草根与精英阶层的尖锐对立、将暗涌于制造业背后

---

① Joe Peyronnin, "Trump: 'I Alone Can Fix It'," *Huffpost*, July 22, 2016, accessed December 22, 2019, https://www.huffpost.com/entry/trump-i-alone-can-fix-it_b_11128366.

的全球化逆流充分暴露出来，赤裸裸地叩问本土白人选民的身份认同，深度动员两党潜藏于各个角落的选民基本盘，带来了一场实实在在的"特朗普革命"。从选举政治的角度看，特朗普在短短的4年里有力促进了民主党的分裂和左倾，以"特朗普主义"重塑了共和党的基础党铭，成功激发了其拥戴者与憎恶者以总统的政治主场为分水岭进行政党选民联盟重组，成功带动了整个社会选举热情的空前高涨。2016年的总统选举，美国选民投票率一举提升至61.4%，除却2008年，这是1968年肯尼迪竞选以来投票率最高的一次选举。两年后的中期选举，民主党人发动了近年来最大规模的选民动员，誓言要动摇特朗普的执政地位，49.3%的中期选举投票率创下了20世纪初美国议会制度改革以来的最高值。2020年，在疫情、经济和种族三个富有巨大争议性的议题刺激之下，这一数字历史性地攀升至66.9%，这是整整120年来美国总统选举投票率的峰值，拜登拿下了美国选举史上从未出现过的8000万张选票，即便是败选的特朗普也成功拿下了7400万张选票，成为选民支持度历史排名第二的总统候选人。[①] 当下美国选举政治的蓬勃生态在过往的一个多世纪里从未出现过，这只是一场和平年代的总统选举，美国并没有面临一场战争抉择或是一场严重的经济危机，然而选举投票率的飞涨意味着美国正在发生前所未有的政治激荡、正在面临影响深远的国家抉择。特朗普在2016年的横空出世决定性地改变了这一切，由于极度厌恶或死心拥戴，选民们倾巢而出，用手中的选票重新明确自身的政党忠诚，重新选择美国的国家命途。

2020年，特朗普在一场较之于2016年更富争议性的竞选中

---

① 相关数据引自数据库选举工程（Electproject），详见http://www.electproject.org/，访问日期：2020年12月22日。

极不情愿地离开了历史舞台,以"1·6"国会山骚乱事件为转折,"特朗普革命"最终演变为一场举世震惊的"特朗普乱政"。尽管特朗普最终被美国选举政治制度强行驱逐,然而放眼望去,悲愤难平的特朗普选民犹在,为特朗普主义所裹挟的共和党右翼犹在,为特朗普所戳破的美国社会伤痕犹在,通过两场显著呈现非典型性的总统竞选,美国的选举政治生态在第七政党体系的尾声出现了结构性裂变的显著征兆。尽管拜登又一次成功为新民主党人续命4年,然而这显然已经无法阻挡美国在后特朗普时代加速奔向下一个全新的时代节点。回头再看,特朗普在关乎选举政治的问题上似乎并没有大放厥词,他的确"非常清楚这个制度",并在短短的4年时间里为美国的选举政治生态永久性地打下了特朗普本人的时代烙印、唤醒了第七政党体系的历史封印。那么,特朗普在2016年和2020年带来的是一场关键性选举吗?如果不是,那么下一场决定历史走向的关键性选举究竟何时到来?

二、选举楔子议题的尘封与唤醒

(一)本土主义还是多元主义?

一切还要从第七政党体系的开端说起。冷战结束后的十年,是克林顿经济奇迹光芒四射的十年。克林顿履行了竞选承诺,紧紧扣住第七政党体系的楔子议题,为美国创造了1860万个工作岗位,推动失业率从7.5%下降到4%、GDP年均增速达到4%,通货膨胀率和经济波动率降至20世纪50年代以来的最低水平,道琼斯和纳斯达克指数足足翻了3倍,以《北美自由贸易协定》为代表的一批贸易协定打开了贸易自由化的大门,深度推动了世界的全球化进程。① 然而，新民主党人的经济奇迹是有所不公的，过于偏重全球化和高科技带来的经济增长契机，过于依靠抓住这一历史契机的精英阶层选民，客观上忽视了不公正的全球化分配效应所引发的阶级分化、区域分配不均和产业失衡。克林顿政府以极大的热情拥抱了硅谷和华尔街，在长达20年的时间里，美国经济蓬勃发展的红利流向了金融资本和高科技产业，本土白人草根阶层的利益却遭到了致命的无视，以铁锈地带为核心的老工业区制造业选民受到全球化贸易政策的冲击。在后克林顿时代，美国先后经历了"9·11"事件和2008年金融危机，整个国家遭遇了剧烈的经济下挫，然而这部分在1992年将克林顿抬入白宫的里根民主党人仍然坚守着自己的政党忠诚，将经济问题归因于小布什政府的治理失效，满心期待克林顿主义的合法继承人奥巴马会在2008年将美国带入新一轮经济增长区间，为利益受损的选民"平反"。未曾想，与克林顿如出一辙，奥巴马执政后继续扮演金融资本和高科技产业的庇护者，向华尔街和硅谷注入了大量纾困资金，对陷入水深火热的制造业工人选民继续选择无视。统计数据显示，自1994年加入《北美自由贸易协定》以来，美国累计丢掉了450万个制造业岗位；② 白人男性产业工人收入的中位数大幅下跌了20个百分点，奥巴马执政期间这一数字跌幅最大，高达

---

① 相关数据引自 "The Clinton Presidency Historic Economic Growth", https://clintonwhitehouse5.archives.gov/WH/Accomplishments/eightyears-03.html，访问日期：2020年9月28日。

② Robert E. Scott, "Manufacturing Job Loss Trade, Not Productivity, Is the Culprit," Economic Policy Institute, August 11, 2015, accessed November 1, 2020, https://www.epi.org/publication/manufacturing-job-loss-trade-not-productivity-is-the-culprit/.

14个百分点。①

新民主党人发现了第七政党体系的楔子议题，却又在取得政权后很快将之抛弃了。在后克林顿政府时代，民主党本能的进步属性再次蠢蠢欲动，重新尝试去凸显自身的自由主义价值，在移民、环保、人权等社会议题上花费了大量精力，先后推出了以色列裔副总统、黑人总统、女性总统候选人和女副总统等多元化的政治代言人。然而，在最为致命的经济议题上，民主党的治世哲学则变得愈发偏执、愈发教条，克林顿经济学中的财政保守主义美德被彻底遗弃，自由贸易政策被视为唯一的经济驱动力，这给利益受损严重的工会组织和产业工人选民带来了政党忠诚上的致命一击。2004年总统选举，来自佛蒙特州的进步派候选人霍华德·迪恩打着左翼民粹主义的旗号在党内初选中纵横捭阖，已经对主导政党路向的新民主党人提出了政治警示；2011年，共和党右翼发起了代表底层人民反对建制派的占领华尔街运动，逼迫奥巴马政府正视民粹主义的政治呐喊，仍然没有引起民主党高层的足够重视；2016年，当特朗普在竞选最后阶段反复进出铁锈地带，向着白人产业工人选民呐喊，"你们的工作被偷走了！""你们是被遗忘的选民！"与此同时，希拉里仍在竭尽全力为奥巴马未竟的《跨太平洋伙伴关系协定》体现的贸易政策护盘，甚至在整个竞选期间几乎从未踏足铁锈地带。2016年，当81%的特朗普选民认为自己的生活比半个世纪前更糟的时候，59%的希拉里选民

---

① Jim Tankersley, "How Trump Won the Presidential Election: Revenge of Working-class Whites," *The Washington Post*, November 9, 2016, accessed November 1, 2020, https://www.washingtonpost.com/news/wonk/wp/2016/11/09/how-trump-won-the-revenge-of-working-class-whites/?utm_term=.a722c7cee20b.

则认为一切正在变好。①这种截然相反的态度表明,在后克林顿时代,新民主党的传承者们过于机械化地理解和利用了第七政党体系的楔子议题,导致白人产业工人选民在长达30年的时间里无人代言。这部分心存不满的选民与19世纪末的农业选民一样、与大萧条时期的失业者一样、与20世纪60年代的平权主义者一样,急迫地希望民主党能够在楔子议题上做出有利于他们的回应。然而,这一贯穿第七政党体系的呼声自始至终未能引起民主党方面的足够重视,并直接导致了希拉里在2016年的败选。"白人产业工人群体,特别是其中的男性,很难看清自己前行的路向,是那种无奈而注定的命运感促使他们最终选择了特朗普"。②

(二)全球化还是反全球化?

自戈德华特以来,为本土选民站台、为美国代言被共和党人视为其天然使命。民主党流失了多少本土白人选民,共和党保守主义的传承者就会原封不动地把整个盘面全部接回来。2000年,小布什率先提出"富有同情心的保守主义",这是一个内涵纠结、语义复杂的选举口号,一方面充分汲取老布什打造"更为温和、仁慈的美国"的失败教训,宣示自身的政治立场仍旧是保守主义,坚决避免竞选口号触犯本土白人选民最为关切的政治禁忌;另一方面,标榜自身仍旧是富有同情心的,同情的对象就是本土白人选民中的产业工人阶层,全力争取这部分为新民主党人所遗弃的

---

① Jim Tankersley, "How Trump Won the Presidential Election: Revenge of Working-class Whites."

② Daniel Cox, Rachel Lienesch and Robert P. Jones, "Beyond Economics: Fears of Cultural Displacement Pushed the White Working Class to Trump," PRRI, May 9, 2017, accessed November 1, 2020, https://www.prri.org/wp-content/uploads/2018/04/States-of-Change-2018-Americas-Electoral-Future.pdf.

选民认同。自小布什执政以来，美国的自由贸易政策出现了显著回调，其执政以后的第一个经济政策主张，就是宣布加征钢材关税，对包括中国、欧盟在内的28个国家和地区提起钢铁反倾销诉讼。尽管小布什任内始终在高调赞扬自由贸易政策，但统计数字显示，2001—2008年与美国签订贸易协定的国家，与美国的贸易额在美国的贸易总额中所占比例甚至不足5%。自19世纪末麦金莱政府以来，贸易保护主义始终是共和党传统党铭的重要一部分，出于保护本土产业工人选民的选举政治需求，这一政治工具在21世纪初爆发出前所未有的威力。2016年，特朗普对小布什的试探性努力做出革命性修正，全盘放弃自由贸易政策，坚定地转向贸易保护主义。在2016年竞选的最后阶段，特朗普反复深入两党都没有把握的铁锈地带进行高强度动员，打的就是贸易保护主义的旗号。执政以后，特朗普继续以这一地区的选民诉求作为政策制定的核心考量，贸易战首轮聚焦于钢铁和铝制品增税，次轮聚焦于汽车产业增税，目标均是直指这一地区的制造业复兴，甚至不惜为之攻击盟友国家、与中国进行一场耗时良久的贸易战，足以说明其落实竞选承诺、巩固基本盘的决心。特朗普对共和党经济政策的改弦更张起到了显著效果，民调数据显示，特朗普执政以来，共和党持贸易保护主义立场的选民由46%上涨至63%，在贸易战进行得如火如荼的时刻，高达73%的共和党选民坚定地认为增加关税对美国经济有利。①

在社会政策方面，从小布什到特朗普，共和党人完成了一次更加激进的右倾试验。2000年总统选举涉险过关的小布什在执政

---

① Edward Burmila, "How Trump Is Changing Republican Party Values," *The Week*, July 24, 2018, accessed December 30, 2020, https://theweek.com/articles/785361/how-trump-changing-republican-party-values.

初期原本非常注意在移民、社保、宗教等社会议题上保持温和立场，以最大限度争取中间阵营的克林顿选民。2001年7月，小布什还在竭力弥合本土主义与多元主义，在纽约艾利斯岛的移民入籍仪式讲话中，小布什曾经大度地表示，"移民不是一个美国亟待解决的问题，而是一个自信和成功国家的标志和象征"。① 两个月后的"9·11"事件根本性地改变了一切，制造恐怖袭击的19名罪犯全部是非美国国民，共和党人在整个国家面临的巨大恐慌中被历史性地塑造为美国本土选民的护卫者。民调数据显示，2001年6月，42%的受访者认为美国应该保持当下的移民数量，41%的受访者认为应该降低移民数量；3个月后美国遭遇"9·11"事件，再次开展的民调数据显示，认同保持移民数量的受访者降低了12个百分点，支持降低移民数量的受访者大幅上涨了17个百分点，移民问题在一夜间凸显为美国选举政治的核心楔子议题，共和党人在关键的历史节点决定性地接管了这一议题的话语权。再接下来是2012年的罗姆尼败选，共和党内部进行了系统而深入的检省分析，将失败教训归结为移民政策过于激进、对少数族裔选民吸引力不足，准备学习民主党将竞选纲领向中间路线靠拢。然而两年后的中期选举，共和党众议院二号人物埃里克·康托尔因温和的移民政策遭到茶党围剿并最终落选，这极大地震惊了共和党议员，在移民问题上，此后的共和党人再也不敢轻言温和政策。最终，特朗普的出现为这一切画上了句号，其坚定的反移民立场在两党选民之间形成一道清晰的分野，彻底结束了共和党人

---

① "Remarks at an Immigration and Naturalization Service Ceremony on Ellis Island, New York," July 10, 2001, accessed November 1, 2020, https://www.presidency.ucsb.edu/documents/remarks-immigration-and-naturalization-service-ceremony-ellis-island-new-york.

在这一议题上的纠结。一如移民问题,特朗普在几乎所有的社会性议题上都打破了第七政党体系的政治底线,共和党人的民粹主义开始变得愈发没有边界,敢于喊出更加粗野的咒骂、做出更多不计代价的承诺,这也成功动员了更加深入、更为广泛的共和党草根选民基本盘。通过高呼"排干沼泽"和"把她关起来",特朗普成功调动了选民对以希拉里为首的华盛顿建制派精英阶层的不满;通过标榜"让美国再次伟大",他成功利用了本土白人近年来对社会变动、人口多元以及民生问题滋生的深刻焦虑;通过反复强调"建起那道墙",他成功将美国社会内部矛盾与非法移民简单粗暴地联系起来,用看似不切实际的政治赌博取得了本土白人的心灵认同。在特朗普时代,共和党成功将经济民粹主义与社会民粹主义有效融通、全盘通吃,各派民粹主义者均认为总统是在为自己说话,对于总统有可能同时代表其他立场毫不在意,将特朗普不时做出的中庸表态归因于总统角色的政治必需。在特朗普以前,共和党几乎从未在美国社会的草根阶层中有过如此强大的动员能力,特朗普有效包装了自身的政治立场,夯实了共和党的激进哲学,为后里根时代困扰共和党已久的选民量能问题提供了开创性的解决方案。

从楔子议题的角度看,特朗普真实地扮演了本土白人选民的护卫者,成为克林顿以来第一位敢于直面第七政党体系根本矛盾的总统候选人。特朗普解决问题的方式不是小修小补,而是以几乎鲁莽的政治勇气赤裸裸地用"逆全球化"直接应对"全球化"问题。四面出击的贸易战、多地驻军的撤回、各个机构的"退群"、拒绝提供公共物品都是特朗普"逆全球化"的具体举措。这一套偏执、恣肆的解决方案在两党的保守派、国务家、战略家那里是备受嘲笑的,在盟友世界是广受批评的,在政治哲学上是退步主义的,在实践效果上成败兼有、问题重重,这使得特朗普遭到了巨大的政治阻力和社会非议,各项改革举措在政党政治和利益集团的羁绊下步履蹒跚。然而在贯彻个人意志的过程中,特朗普恰如其分地令自己嵌入了美国社会已经无法掩盖的矛盾现实,扮演了本土白人选民希望有人来扮演的角色,充分利用了政党政治进入重组状态后的碎片极化,实现了自身"政治空间"的最大化。①这一轮深刻的相互选择成功促成了部分选民从民主党阵营背离,成功塑造了2016年、2020年看似关键性选举的浓厚氛围。然而,特朗普是否在根本意义上改变了两党既有的选民结构,这种选民背叛是暂时的还是永久的,是既有体系的寻常往复还是革命般催生出一个崭新体系,关键还要看两次竞选的政党选民联盟重组情况。

三、政党选民联盟的叛变与回归

(一)白人选民打破选战平衡

第七政党体系形成以来,两党的核心选民联盟始终保持高度稳固,过往的4次总统选举中,美国全部51个州中有40个州没有转换过立场,保持了高度的投票忠诚。1992年,美国只有38%的选民生活在两党的"安全选区"里,2016年这一数字已经上升为60%;共和党由于在两次选区划分中占据了一定便宜,"安全

---

① 刁大明:《美国特朗普政府首年执政评估》,《美国研究》2018年第1期,第36页。

选区"数量甚至增长了4倍以上。① 伴随两党政治极化的不断增强,双方对于各自的政党纲领都更加笃定,选民联盟也因之愈发固化。2016年总统选举前数据显示,53%的共和党和倾向于共和党的独立选民认为自己隶属于保守派,这一数字在2004年只有31%;当共和党人在不断右移的同时,民主党人的左转也很剧烈,60%的民主党选民和倾向民主党的独立选民认为自己是自由派,这一数字在2004年只有49%,在1994年只有30%。② 有关选民分裂程度的最新民调显示,在几乎所有争议问题上,共和党选民和民主党选民呈现出完全对立的状况,80%的受访者声称"对对方失去尊重",75%的受访者表示他们并不信任对方。绝大部分的受访者甚至表示,他们不希望自己的孩子嫁给对立党派,他们不会雇用来自对方的任何人,甚至认为另一方正在着力毁灭整个国家。③ 伴随两党极化政治的不断加深,两党选民之间的立场分野愈发清晰,叛变行为愈发难以出现,双方的选民基本盘比以往任何时期都更加稳固。从2016年到2020年,特朗普选民与非特朗普选民在一轮又一轮的对抗中完成了政党忠诚的重组、校对与固化,两次选举结果对比将深刻揭示本轮选民联盟重组是否具

---

① Gregor Aisch, Adam Pearce and Karen Yourish, "The Divide between Red and Blue America Grew Even Deeper in 2016," *The New York Times*, November 10, 2016, accessed December 30, 2020, http://www.nytime.com/interactive/2016/11/10/us/politics/red-blue-divide-grew-stronger-in-2016.html. 转引自潘亚玲:《从熔炉到战场:美国政党重组中的族裔角色》,第30页。

② John Gramlich, "America's Political Divisions in 5 Charts," Pew Research Center, November 7, 2016, accessed December 30, 2020, http://www.pewresearch.org/fact-tank/2016/11/07/americas-political-divisions-in-5-charts/.

③ "Voters Say Those on the Other Side 'Don't Get' Them. Here's What They Want Them to Know," Pew Research Center, December 17, 2020, accessed December 30, 2020, https://www.pewresearch.org/politics/2020/12/17/voters-say-those-on-the-other-side-dont-get-them-heres-what-they-want-them-to-know/.

有"关键"效应。

首先来看2016年特朗普的胜选。尽管特朗普在2016年看似改变了整个美国选举政治的传统生态,然而如果与2012年的选民分布加以对比,会发现特朗普和罗姆尼在各选民群体中的得票率和胜选优势偏差均不超过2%,二者选民分布的黏合度高达96%。① 这其中,胜选优势差距最大的一项是白人产业工人群体,2000年小布什革命性地将胜选优势提高至17%(上届竞选为-1%),2016年特朗普则令人震惊地将这一数字一举扩大至39%。特朗普没有为共和党吸纳新的选民群体,但更充分地调动了既有联盟的选民热情。这是特朗普和罗姆尼的选民群体中唯一失黏的部分,也是最具决定性的部分。② 基于同样的道理,2016年希拉里的败选也并不是因为出现了选民群体的背叛,而是源于选民基本盘的动员不足。数据显示,2016年拉丁裔选民的投票率出现了3%的下跌;黑人选民的投票率出现了7%的大幅下跌,为1980年以来的最大降幅。③ 在投票日,上届选举中曾经支持奥巴

---

① Jed Kolko, "Trump Was Stronger Where the Economy Is Weaker," Five Thirty Eight, November 10, 2016, accessed December 30, 2020, https://fivethirtyeight.com/features/trump-was-stronger-where-the-economy-is-weaker/.

② 数据显示,特朗普的胜选优势与选区的白人选民比例呈直接正相关性,在白人选民比例高于75%的郡县,特朗普比罗姆尼的得票比例高出13个百分点;在白人选民比例高于90%的郡县,特朗普则可以高出17个百分点。罗姆尼没有成功动员这部分选民,是其2012年竞选失败的根本原因。详见Andrew Flowers, "Where Trump Got His Edge," Five Thirty Eight, November 11, 2016, accessed December 30, 2020, https://fivethirtyeight.com/features/where-trump-got-his-edge/。

③ Ronald Brownstein, "Are Demographics Really Destiny for the GOP?" *The Atlantic*, May 31, 2017, accessed December 30, 2020, https://www.theatlantic.com/politics/archive/2017/05/trump-2016-election/528519/.

马的选民有440万人放弃了投票。① 这些选票的流失并未构成背叛，但实实在在影响了希拉里的竞选绩效（详见表1）。

表1　2012年和2016年美国总统选举中的选民群体投票分布

	罗姆尼VS奥巴马	特朗普VS希拉里	胜选优势对比
白人选民	59%∶39%	58%∶37%	21%∶20%
白人产业工人	61%∶36%	67%∶28%	39%∶25%
不含大学学历选民	47%∶51%	52%∶44%	8%∶-4%
大学学历以上选民	48%∶50%	43%∶54%	-11%∶-2%
青年选民	36%∶60%	37%∶55%	-18%∶-24%
拉丁裔选民	27%∶71%	28%∶66%	-38%∶-44%
黑人选民	6%∶93%	8%∶88%	-80%∶-87%
女性选民	44%∶55%	42%∶54%	-12%∶-11%

资料来源：相关数据来自皮尤统计中心，详见Alec Tyson and Shiva Maniam, "Behind Trump's Victory: Divisions by Race, Gender, Education," Pew Research Center, November 9, 2016, accessed December 30, 2020, http://www.pewresearch.org/fact-tank/2016/11/09/behind-trumps-victory-divisions-by-race-gender-education/。

再来看2020年特朗普的败选。由于疫情、经济和种族问题在选前构筑了大量的干扰变量，2020年的选票分布并未保持2016年的连贯线性，4年前的背叛选民在4年后的投票偏好并无显著规律，特朗普未能如其所吹嘘的再次夯实选民基本盘，拜登也远未按照选前民调预期带来一场民主党的蓝色浪潮。从共和党方面

---

① Philip Bump, "4.4 Million 2012 Obama Voters Stayed Home in 2016 — More Than a Third of Them Black," *The Washington Post*, March 12, 2018, accessed December 30, 2020, https://www.washingtonpost.com/news/politics/wp/2018/03/12/4-4-million-2012-obama-voters-stayed-home-in-2016-more-than-a-third-of-them-black/.

看，尽管特朗普采取了戈德华特以来最为激进的反移民政策，但特朗普在少数族裔选民中的投票率不降反升，其中黑人、拉丁裔和亚裔选民的选票分别上升了4个、3个和5个百分点。正是依靠拉丁裔选民的鼎力支持，特朗普在关键的佛罗里达州和得克萨斯州才顶住了民主党的进攻压力；而如果没有黑人选民在夏洛特黑人选区的大力支持，北卡罗来纳州也很可能与邻近的佐治亚州一并为民主党所翻盘。2016年大选和2018年中期选举，特朗普在女性选民中的支持率快速下跌，以至于2020年选前甚至多次恳求郊区女性选民"你们可不可以喜欢我？"但2020年选举结果显示，特朗普比4年前获得了更多的女性选民支持，在白人女性、拉丁裔女性和黑人女性选民中的支持率分别上升2个、5个和9个百分点。与此同时，共和党收获了更多的弱势群体选票回流，比如民主党进步派铁盘LGBTQ选民①对共和党人的投票就增加了一倍以上，达到了历史性的30%。② 事实上，共和党翻转的每个众议院地区几乎都由一位妇女或少数族裔所赢得，本次国会选举过后，共和党成功将众议院的女性代表人数增加了一倍以上，并且增加了两名黑人议员，这与选前预判的结果大相径庭。

  从民主党方面看，拜登在选前对少数族裔选民志在必得，凭借曾经担任奥巴马总统副手的角色优势，拜登直接在采访中口出狂言："让我来告诉你（黑人选民），如果你还在思考是支持我还

---

  ① LGBTQ是性少数群体的简称，L指同性恋者（Lesbian），G指男同性恋者（Gay），B指双性向者（Bisexual），T指跨性别者（Transgender），Q指酷儿（Queer）。
  ② 以上数据详见美国有线电视新闻网的出口民调统计，https://www.cnn.com/election/2020/exit-polls/president/national-results，访问日期：2020年12月30日。

是支持特朗普这样的问题，那么你就不是一名合格的黑人。"① 然而，选举结果赤裸裸地打了民主党的脸，拜登所收获的黑人选票创下了1960年以来支持民主党的黑人投票率的最低值。事后再看，拜登选前持续高涨、令人震惊的胜选率，主要泡沫正是出现在以黑人选民为首的少数族裔选票上。事实上，拜登在2020年的胜选与4年前特朗普的胜选原因几乎完全相同，提供关键助力的仍旧是本土白人选民。出于对特朗普民粹立场的抵触和反感，在社会政策上持中间立场的温和派选民在2020年背叛了共和党。2018年中期选举，共和党的白人选票已经出现了近10个百分点的偏离，2020年这一数字进一步向拜登方向转变了8个百分点，导致特朗普的核心选民基本盘优势从2016年的39%下降为31%。2020年，这部分少量但关键的背叛选民再次掌握了对于选举结果的终极决定权，然而却是朝着完全相反的方向。从政党选民联盟重组角度看，选举结果深刻表明，背叛选民流向并无规律、总体数量较少、选举偏好尚未完全固化，我们不能贸然做出关键性选举已经发生的结论。

（二）中心—外围轮廓逐步呈现

相较于政党选民联盟重组，选区层面展现的选举政治格局演变态势更加明显。总体来看，第七政党体系的选区格局出现了趋势性调整，过往民主党占据东西两岸和中部工业州、共和党纵贯美国中心地带的对峙情势发生了微妙变化，摇摆的中西部选区正

---

① Eric Bradner, Sarah Mucha and Arlette Saenz, "Biden: 'If You Have a Problem Figuring Out Whether You're for Me or Trump, then You Ain't Black'," CNN, May 22, 2020, accessed December 30, 2020, https://www.cnn.com/2020/05/22/politics/biden-charlamagne-tha-god-you-aint-black/index.html.

在逐步"赤化",稳定的共和党阳光地带正在渐次"蓝移"。克林顿执政以来,中部工业州工会组织和工人选民在新民主党人的选民基本盘地位与日下滑,铁锈地带三州逐步从稳定的"蓝墙"脱离,并成为近年来的摇摆州。特朗普2016年在共和党内部确立了主攻铁锈地带的选举战略并大获全胜,成功将整个中西部集体"赤化"。尽管共和党的胜选优势并不明显,并且2020年铁锈地带三州很快集体回巢民主党,但需要看到的是,铁锈地带向共和党靠拢的步伐并未减缓,特朗普仅在密尔沃基、费城、底特律三个大城市及其郊区的成绩略有下滑,整个铁锈地带农村选区的支持率仍在稳步上升,特朗普2016年获胜的59个县在2020年选举中仅仅失去2个,胜选的57个县中39个县的胜选优势得到提升。与之同步,曾经是共和党深红腹地的阳光地带近年来选情持续不稳,伴随移民大量涌入和城市化进程逐步加快,南部沿海地带的经济发展速度明显超过内陆省份,为民主党争取持温和立场的中产选民培育了温床。2018年中期选举,民主党进步派在亚利桑那州、佐治亚州和得克萨斯州掀起了浩浩荡荡的蓝色运动,尽管最终成效甚微,但深度影响了阳光地带的选民偏好。2020年,拜登成功翻盘亚利桑那州和佐治亚州,成为民主党重回南方的决定性一役。如果两党按照当前竞选战略持续推进,未来的几届选举中,我们可能会看到美国选区出现共和党占据内陆中心、民主党环绕外围沿海的全新变化。

与此同时,伴随美国城乡分化的日益严重,郊区逐渐成为决定美国选举政治走向新的胜负平衡手。传统意义上,美国大城市郊区是共和党人的核心腹地,这里居住的中产选民受教育程度较高,政治立场上倾向于保守的经济政策和自由的社会政策。特朗普在2016年打着减税旗号赢得了这部分选民的支持,然而在此后4年又因极端的社会政策疏远了这部分选民。2018年中期选举，城郊选区的温和派共和党人大面积主动退选，民主党在众议院新增的36个选区竟然有35个来自城郊选区。① 2020年总统大选，特朗普在密尔沃基郊区沃基沙县的投票率下降了6个百分点、在费城郊区切斯特县的投票率下降了8个百分点，是特朗普失去2个州的根本原因。就在特朗普丢掉城郊选票的同时，共和党却在众议院大获全胜，赢下了所有选前情势焦灼的摇摆选区，包括在深蓝区域的加利福尼亚州和纽约州众议院议席，其中绝大部分是城郊选区。这一事实深刻说明，2020年的疫情暴发给城郊中产选民带来了巨大的精神压力和价值冲击，这股愤怒被直接转移到总统本人头上，导致了特朗普的败选。然而在政治立场上，这部分选民仍然保持着对共和党的政党忠诚，只要不出现疫情这样的非传统议题和特朗普这样的非传统候选人，第七政党体系的城郊选区仍然是共和党的核心腹地，并将在美国城乡分化的进程中呈现出愈来愈重要的选举平衡作用。

四、政党政治格局的弥合与分裂

2016年，特朗普以政治"素人"身份参加总统竞选，对于深陷党争角力的民主与共和两党而言，特朗普毫无意外是一名不受欢迎的闯入者。共和党对于这名扭曲夸大政党劣根性的党员无所适从，民主党对于这场几尽侮辱的失败极度愤怒，在此后的4年

---

① Geoffrey Skelley, "The Suburbs — All Kinds of Suburbs — Delivered the House to Democrats," Five Thirty Eight, November 8, 2018, accessed December 30, 2020, https://fivethirtyeight.com/features/the-suburbs-all-kinds-of-suburbs-delivered-the-house-to-democrats/.

里始终汲汲于找回政治颜面，并在2020年极其惊险地报了一箭之仇。然而，两党此前从来没有想到也根本不愿意承认的是，在与特朗普缠斗和耗泄的过程中，两党的党铭和纲领已经为后者所深度濡染，两党的分裂与极化已经进入加速区间，在特朗普时代，第七政党体系发生了无可挽回的结构性裂变，从而推动美国的政党政治演变无可阻遏地奔向下一个新的历史节点。

（一）进步派誓言改变民主党

民主党方面，纵贯整个第七政党体系，从克林顿、戈尔、奥巴马、希拉里到拜登，党内的新民主党一翼始终占据着绝对意义上的统治地位。2004年、2016年和2020年，新民主党三次压制了党内最具希望的进步派力量，迫使同样来自佛蒙特州的两名参议员霍华德·迪恩和伯尼·桑德斯在三次竞选中半途离场。在民主党高层看来，进步派过去是、现在是、未来一段时间内依然是党内的麦戈文主义残留，第七政党体系的主题是回归温和，并不需要激进的意识形态和价值呼吁，更无法容忍民主党与社会主义有任何瓜葛。1992年，克林顿在这一体系的开端明确提出自己是一个"中间派"，民主党要走"不偏左也不偏右的第三条道路"；① 2004年，时任参议员的奥巴马试图弥合分裂，他在当年的民主党全国代表大会上以新民主党人和进步派民主党人兼有的双重身份呼吁政党统一，称"这里没有一个自由的美国和一个保守的美国，这里只有一个美国"。② 2018年，众议院议长佩洛西在多

---

① Bill Clinton, "State of the Union Address," January 27, 1998, accessed December 30, 2020, https://clintonwhitehouse5.archives.gov/WH/SOTU98/address.html.

② "Barack Obama's Remarks to the Democratic National Convention," *The New York Times*, July 27, 2004, accessed December 30, 2020, https://www.nytimes.com/2004/07/27/politics/campaign/barack-obamas-remarks-to-the-democratic-national.html.

年鲜有的中期选举胜利过后颇有感慨地讲道,"永远不要疏离持中间立场的温和派选民,是他们使得我们在2018年没有走得太左","只要占据了中间偏左选民群体,我们就占据了主流、占据了胜利"。① 2021年,拜登在总统就职典礼上再次呼吁,"我们必须结束这场红蓝对立的非内战","为所有的美国人服务"。②

作为第七政党体系的擘画者,新民主党人粉饰繁华的努力并未得到普遍认同,党内进步派的抗争自始至终也未曾停歇。2012年茶党革命特别是2016年特朗普胜选以来,大量进步派候选人在各个层级的竞选中如潮水般涌现,冲击着民主党建制派的基层把控力。在总统层面,桑德斯和沃伦两次领衔进步派与新民主党人顽战至最后一刻;在国会层面,纽约州第14选区的奥卡西奥·科特兹一举将民主党4号人物、佩洛西属意的政党继承人乔·克劳利拉落马下,震惊美国政坛。2018年中期选举,进步派在党内大面积蚕食温和派议席,成功在第116届国会众议院占据96席,首次超过新民主党的90席和"蓝狗"联盟的24席,成为党内第一大派系。③ 进步派的迅速崛起直接改变了民主党对未来的战略研判。2002年,约翰·朱迪斯和瑞·泰克希拉曾联手写下《新兴的民主党多数派》,认为妇女、职业精英和拉丁裔将作为21世纪的

---

① "*New York Times*: 'Own the Center-Left,' Pelosi Tells Democrats, or Risk a Disputed Win," May 5, 2019, accessed December 30, 2020, https://www.speaker.gov/newsroom/5519-3.

② Joseph R. Biden, Jr., "Inaugural Address," January 20, 2021, accessed January 21, 2021, https://www.whitehouse.gov/briefing-room/speeches-remarks/2021/01/20/inaugural-address-by-president-joseph-r-biden-jr/.

③ Geoffrey Skelley, "The House Will Have Just as Many Moderate Democrats as Progressives Next Year," Five Thirty Eight, December 20, 2018, accessed December 30, 2020, https://fivethirtyeight.com/features/the-house-will-have-just-as-many-moderate-democrats-as-progressives-next-year/.

三股主要力量，将美国的未来推向中间主义。①14年过后，在感喟到特朗普和桑德斯在2016年带来的震彻后，该书作者之一约翰·朱迪斯在另外一本独著《民粹主义的爆发》中放弃了中间主义立场，认为民主党必须把目光向下看，重新拾回在经济议题上偏向民粹主义的底层选民，只有这样才能再次迎来政党中兴。②

进步派的崛起是新民主党人在第七政党体系的头号政治噩梦，较之于被共和党击败，被进步派夺权是党内建制派势力所更加无法容忍的。在建制派看来，进步派是两位上了年纪的反现代者和一群难于管理的少年杂牌军，他们与民主党主流的政治路向是不一致的，拜登在竞选中多次表态，"我想讲得清楚一些，我并不会让自己变得疯狂"。③新民主党人展示愤怒的方式是在2016年和2020年两次派出代表20世纪90年代传统的旧式民主党人参选，这使得桑德斯和沃伦始终无法得到与其民意支持度相称的资金和政治背书，④尽管选举结果一败一胜，但本质上并没有任何不同，全部是新民主党人在错误的时空环境下顽守派系利益的结果。在进步派看来，自己毫无疑问代表着民主党的未来，进步派提出的政治主张有其可取之处、选择的民粹路线更加贴合当下实际、凝聚的拉丁裔和青年选民是民主党更为亟须的增量基本盘。自占领

---

① John B. Judis and Ruy Teixeira, *The Emerging Democratic Majority*.

② John B. Judis, *The Populist Explosion: How the Great Recession Transformed American and European Politics* (New York: Columbia Global Reports, 2016).

③ "Joe Biden: 'I Want to Be Clear, I'm Not Going Nuts'," *The Week*, August 26, 2019, accessed December 30, 2020, https://theweek.com/speedreads/861039/joe-biden-want-clear-im-not-going-nuts.

④ 根据选举分析机构538的跟踪观察，在党内正式初选开始之前，沃伦和桑德斯收到的党内政治背书长时间仅排名四五位左右，与其民意支持度难以匹配。详见"The 2020 Endorsement Primary," Five Thirty Eight, October 22, 2019, accessed December 30, 2020, https://projects.fivethirtyeight.com/2020-endorsements/democratic-primary/.

华尔街运动以来，这一派系始终聚焦于政治上的不平等问题，汲汲于将美国拉向进步的左翼，并坚定地认为这才是民主党该有的样子、这才是美国民主该有的样子。半个世纪过后，桑德斯从建制派的重重围剿中杀将出来，成为民主党内最接近麦戈文的人，他对经济不平等的关注和对富豪的严厉谴责呼应了麦戈文在1972年的言论、反映了美国普通民众的广泛担忧，他提出的累进税收再分配、单一支付者医保平台等很多想法很受欢迎，与麦戈文当年的政治主张颇有共通之处，他激励年轻选民和工人阶级选民、接受小额捐款等很多做法是对麦戈文主义最好的诠释。然而，他所不如麦戈文的在于，麦戈文最终在党内初选阶段成功说服了黑人选民放弃支持汉弗莱，桑德斯始终未能成功分化希拉里和拜登身边的黑人选票，这注定了他失败的竞选命运。更为严重的问题在于，这一现象或许不仅仅出现在桑德斯一个人身上，自始至终，整个进步派都严重缺乏在种族立场上的选民基础，只能通过不断凸显自身的意识形态属性获取派系合法性，这将使其不可避免地持续滑向更加激进的政治立场。正如奥卡西奥·科特兹所言，"在任何其他国家，乔·拜登和我都不可能出现在同一个政党中"，[①] 这个进步派"小分队"将自己称为下一个十年的左翼茶党，他们的募捐网站打着大大的口号——"让我们改变民主党！"这一路向也的确有可能最终获得成功，共和党在这一问题的探索实践上已经做出了成功样板，但是花去了足足半个世纪的时间，在第七政党体系，进步派仍需要付出相当多的政治资源和相当长的时间成本，这一过程可能带来党内政治巨大的不确定性，并深刻影

---

① Quint Forgey, "AOC: 'In any Other Country, Joe Biden and I Would Not Be in the Same Party'," *Politico*, January 6, 2020, accessed December 30, 2020, https://www.politico.com/news/2020/01/06/alexandria-ocasio-cortez-joe-biden-not-same-party-094642.

响未来一段时间的选举政治格局。

更为严重的问题在于，作为"最了解这个制度"的总统，特朗普极为狡黠地利用了民主党的政党分裂。2020年总统选战之前，特朗普饶有兴趣地建构并干预民主党的选举议程，先是主动对被其称为"AOC Plus Three"①的民主党4名女性众议员发表种族主义言论，称她们"来自世界上最糟糕、最腐败、最无能的政府……应该回去帮助她们自己的祖国"，②以煽动进步派的反击炮火。而后，他几乎是在以挑衅的姿态坐迎进步派发起轰轰烈烈的"通乌门"调查，改变民主党的选举议程，大幅压缩了更具竞争力的温和派候选人的选举存在感。他在各个场合大放厥词，称"今天的民主党比历史上任何时候都更加暴力、更加危险、更加疯狂"，"疯狂的对手正在被仇恨、偏见和暴力驱使，他们想要毁掉你们、毁掉我们的国家"。③ "民主党现在由4名充满暴力的极左翼分子领导着，他们正在撕裂美国，破坏我们所相信的一切价

---

① 代指以亚历山大·奥卡西奥-科特兹为核心的进步派"小分队"（Squad），由于意识形态激进，这4名民主党女性议员在选举期间在全国的净支持率为负数，分别为科特兹-14%，伊尔汗·奥马尔（Ilhan Omar）-17%，拉齐达·特莱布（Rashida Tlaib）-16%，阿亚娜·普莱斯利（Ayanna Pressley）-11%。详见William Cummings, "Many Americans Have Never Heard of 'The Squad' and Many Don't See Them favorably, Poll Finds," *USA Today*, July 23, 2019, accessed December 30, 2020, https://www.usatoday.com/story/news/politics/2019/07/23/ocasio-cortez-omar-tlaib-pressley-favorable-rating-poll/1802284001/。

② Felicia Sonmez and Mike DeBonis, "Trump Tells Four Liberal Congresswomen to 'Go Back' to Their Countries, Prompting Pelosi to Defend Them," *The Washington Post*, July 14, 2019, accessed December 30, 2020, https://www.washingtonpost.com/politics/trump-says-four-liberal-congresswomen-should-go-back-to-the-crime-infested-places-from-which-they-came/2019/07/14/b8bf140e-a638-11e9-a3a6-ab670962db05_story.html.

③ Patrick Goodenough, "Trump on the Democratic Party: 'More Radical, More Dangerous, and More Unhinged'," CBS, June 19, 2019, accessed December 30, 2020, https://www.cnsnews.com/news/article/patrick-goodenough/trump-democratic-party-more-radical-more-dangerous-and-more-unhinged.

值"。"无论他们使用什么标签标榜自己,投民主党的票就是在支持社会主义,就是在毁掉美国梦!"① 通过这些言论,特朗普主动将自己立为靶心,成功给民主党贴上了"疯狂的社会主义者"的标签,成功将极左理念标榜为民主党的政党纲领,成功促进了民主党的深度分裂。正如得克萨斯州参议员泰德·克鲁斯所言,"民主党本应以就业为核心议题,他们本来就是这样的一个政党。然而'反特朗普'成为他们目前唯一能够树立的标签,特朗普已经把民主党击破了"。② 在后克林顿时代,由于共和党的刻意挑衅,新民主党人与进步派的内部党争正在与日走深,拜登的当选不仅不会为弥合这一裂口带来任何好处,反而会出于执政需要进一步强化党内压迫,民主党内部派系的政治摊牌只是一个时间问题,而非一个会否命题。

(二)特朗普主义重塑共和党

与民主党截然不同,特朗普在2016年的横空出世,使得共和党在第七政党体系毫不费力地找到了完美契合自身政党属性的新克里斯玛。在特朗普出现以前,共和党与民主党一样深陷分裂、不知所终。2012年罗姆尼败选后,共和党全国委员会足足用了半年时间深入开展系统性的选举"尸检",撰写了名为《增长与机

---

① JM Rieger, "Republicans Have Been Tying Democrats to Socialism for 90 Years. Trump Is Going all in on the Tradition," *The Washington Post*, June 20, 2019, accessed December 30, 2020, https://www.washingtonpost.com/politics/2019/06/20/republicans-have-been-tying-democrats-socialism-years-trump-is-going-all-tradition/.

② Hunter Lovell, "Ted Cruz: 'Donald Trump Has Broken the Democratic Party'," *Washington Examiner*, September 15, 2019, accessed December 30, 2020, https://www.washingtonexaminer.com/news/ted-cruz-donald-trump-has-broken-the-democratic-party.

会》的研究报告①,报告指出罗姆尼败选的根本原因在于对少数族裔选民重视不足,共和党必须效仿民主党的中间路线,向少数族裔和弱势选民靠拢,才能重新回到胜利轨道,报告明确建议共和党实行全面性的移民政策改革。共和党上一次进行如此深刻的选举反思,还要回溯至20世纪50年代末期尼克松为艾森豪威尔政府撰写的中期选举报告。有趣的地方在于,共和党每经历一次党史上的系统反思,很快就会有令人大为意外的异端分子出现,将所有研究成果全面碾压、全面改写,并根本性地重塑共和党的政党路向,1964年共和党迎来了戈德华特,2016年出现在关键历史节点上的是特朗普。早在2013年"尸检"报告出炉的第二天,特朗普就曾在推特上大肆嘲笑这一报告"只是党内建制派为统治阶级所撰写的,只是在给共和党扩大捐助寻找借口"。2016年党内初选阶段,包括特朗普在内的所有候选人纷纷体现出了激进的右倾倾向,在移民问题上大放厥词,共和党选举委员会随即搬出4年前的"尸检"报告予以压制,来自边境地区的候选人克鲁兹和鲁比奥很快降低了调门,只有特朗普坚持认为,自己的崛起将为共和党带来一条新生的道路,叩问"为什么共和党高层看不到我吸引了成千上万的新选民,我正在建立一个更加强大的政党!"②

  对共和党而言,特朗普2016年的竞选胜利是政党战略层面的巨大讽刺,更具讽刺色彩的事情在于,特朗普直接雇用了2012年"尸检"报告的总撰稿人、共和党全国委员会主席普里巴斯作

---

  ① Michael Falcone, "GOP: Re-Boot, Re-Brand, Re-Think (The Note)," ABC News, March 18, 2013, accessed December 30, 2020, https://abcnews.go.com/blogs/politics/2013/03/gop-re-boot-re-brand-re-think-the-note/.

  ② Brett LoGiurato, "3 Years Ago, Republicans Released an 'Autopsy Report' — But Donald Trump already Shattered It," *Business Insider*, March 20, 2016, accessed December 30, 2020, https://www.businessinsider.com/donald-trump-gop-autopsy-report-2016-3.

为自己的白宫幕僚长，沿着完全相反的方向推行4年前确定的政党路向。特朗普执政以后，以人民的名义，在极短时间内成功战胜了各个派系的无视和阻力，"罕见地在毫无组织化准备的情况下就直接'接管'了共和党、掌握了对共和党有主导性的塑造能力"。① 一项基于问卷调查的研究显示，自特朗普执政以来，更多共和党选民倾向于把传统意义上最具保守倾向、客观上也具有保守立场投票纪录的国会参议员杰夫·弗雷克或者本·萨斯视为温和派，反而将具有相对温和投票纪录的杰夫·塞申斯理解为参议院中的核心保守派。这说明，共和党选民已开始将政治人物是否支持、捍卫特朗普作为评价其在政治理念上是否足够保守的关键指标。② 2020年总统大选前夕，有54%的共和党选民强调自己首先是特朗普的支持者，继而才会支持共和党，只有38%的共和党选民认为自己是基于支持共和党而为特朗普投票的。在对自身政治立场进行定位时，仅有19%的共和党选民将自己视为原本党内最为主流的保守派共和党人，18%的共和党选民认为自己属于特朗普共和党人，这一数字仅比前者少了1%，已经超过排名居后的福音派共和党人、温和派共和党人，仅有8%的共和党选民还

---

① 刁大明：《试析美国共和党的"特朗普化"》，《现代国际关系》2018年第10期，第41页。

② Daniel Hopkins and Hans Noel, "Is John McCain More Conservative than Rand Paul? Using Activists Pairwise Comparisons to Measure Ideology," April 3, 2017, accessed December 30, 2020, http://faculty.georgetown.edu/hcn4/Downloads/HopkinsNoel_Pairwise_MPSA2017.pdf; McKay Coppins, "The Republican Identity Crisis," The Atlantic, April, 2017, accessed December 30, 2020, https://www.theatlantic.com/politics/archive/2017/04/the-gops-ideological-identity-crisis/521316/?utm_content=bufferbd17e&utm_medium=social&utm_source=facebook.com&utm_campaign=buffer. 转引自刁大明：《试析美国共和党的"特朗普化"》，第39页。

会将自己定义为里根共和党人。①

特朗普原本与共和党没有任何瓜葛，然而强大的特朗普选民给予了他自里根以来从未有过的党内合法性。出于对特朗普选民的极度敬畏，党内议员在政策制定和议题表态上中规中矩、格外谨慎，从特朗普任内的议员投票记录来看，尽管国会山并不存在一个明确的特朗普党团，但共和党议员整体上仍然小心翼翼地保持了与总统投票偏好的一致性，最大限度地遵从于总统的政策方向，显著超过奥巴马政府时期民主党议员对总统的支持度。②面对民主党发起的一轮又一轮弹劾动议，共和党议员在国会自始至终坚持捍卫总统立场。在2018年、2020年两次选举中，特朗普主义对共和党选举生态的操控更是无与伦比，各路候选人纷纷效仿2016年特朗普的竞选策略，高调标榜自身的"圈外人"属性，甚至打出"比特朗普还特朗普"的竞选口号，反建制、反移民、反全球化的民粹色彩高度凸显。《华盛顿邮报》曾专门撰文描绘这一场景，"全美各地的共和党竞选顾问这样劝告温和派共和党候选人：展现愤怒。不要说你想要改变，而要说你想要'爆破'华盛顿；不要只谈你想做什么，而要谈你要和什么战斗；担忧政治

---

① David Thornton, "Poll: Donald Trump Has Fundamentally Transformed Republican Party," The Resurgent, May 7, 2019, accessed December 30, 2020, https://theresurgent.com/2019/05/07/poll-donald-trump-has-fundamentally-transformed-republican-party/.

② Sarah Frostenson, "Republicans in Congress Have Been Very Loyal to Trump. Will It Last?" Five Thirty Eight, January 3, 2019, accessed December 30, 2020, https://fivethirtyeight.com/features/republicans-in-congress-have-been-very-loyal-to-trump-will-it-last/.

正确性，陷于危险处境的最终将是你自己"。① 某种程度上，特朗普主义已经成为共和党候选人在各级选举战场的唯一倚重。只有在内心认同、在行动上接受这种倚重，才能延续自身的政治生命，否则只能以各种各样的托词被迫从选举政治中离场。一项统计数据显示，自特朗普就职以来，在国会两院任职的全部293名共和党人中，已经有高达132名议员选择退休或辞职，占比高达45%。② 不出太大意外，2024年总统竞选特朗普仍有可能出山再战，从而再现克利夫兰总统的竞选奇迹。③ 如果这一现象出现，党内其他候选人仍将被迫让位。由于特朗普的存在，共和党已经在极短的时间内、在没有发生重大党内议题性分歧的情况下，完成了一次干干净净的党内清洗运动。

对于共和党而言，特朗普就是21世纪的戈德华特。比戈德华特幸运的是，特朗普真正赢得了一届总统任期，特朗普选民几乎在刹那间集结成型，形成了对他们所忠诚的克里斯玛的深切拥戴，戈德华特足足用了至少20年的时间才向自己所在的政党论证了其战略路向的正确性。然而，特朗普与戈德华特分享了几乎完全相同的命运，特朗普同样是"希腊式的悲剧角色"，"他由于自身的致命缺陷而失去了生命"，"他并不属于这个政治体系，是

---

① Michael Scherer, "In Senate Primaries, Republicans Avoid Their Worst-case Fears," *The Washington Post*, May 8, 2018, accessed December 30, 2020, https://www.washingtonpost.com/powerpost/in-senate-primaries-republicans-avoid-their-worst-case-fears/2018/05/08/1441ac04-52c7-11e8-a551-5b648abe29ef_story.html?utm_term=.32d8a2e1ba7a.

② Nathaniel Rakich, "Congressional Republicans Left Office in Droves under Trump. Just How Conservative Are Their Replacements?" Five Thirty Eight, April 27, 2021, accessed December 30, 2020, https://fivethirtyeight.com/features/congressional-republicans-left-office-in-droves-under-trump-just-how-conservative-are-their-replacements/.

③ 克利夫兰总统曾于1885—1889年、1893—1897年两度当选美国总统，是美国选举政治历史上唯一一位隔了一届任期后再度竞选并成功的总统。

一名彻头彻尾的颠覆者，而不是合格的政治领袖"。① 对共和党而言，特朗普在2020年失去领袖地位是一场深刻的政治折冲。总统过渡期的巨大混乱充分表明，特朗普选民正在脱离共和党的选民基本盘，对特朗普的个体忠诚正在取代他们的政党忠诚。从最开始，"特朗普主义"就是属于特朗普本人的，属于一个缺乏党性、不守党规、无视党纲的民粹主义者，特朗普给予共和党的一切政绩、一切恩惠并不具备可持续性和可复制性。如果共和党无法在后特朗普时代重新确立一个民粹主义候选人，如果这一候选人无法准确分享特朗普本人的很多基本特征，这部分选民基本盘很难得到继承，按照特朗普主义重新修订的政党纲领对共和党可能毫无益处，受特朗普主义庇护的各地候选人可能会在选举政治实践中接连遇挫，共和党最终可能被领向歧路，两头扑空、全盘皆输。对特朗普而言，脱离了主流政党和主流选民，个体的政治生命在漫长的选举政治历史中终究只能是昙花一现。正如20世纪美国民粹主义历史学家理查德·霍夫施塔特所生动总结的，"第三党就像蜜蜂：一旦蜇了人，就会随即死去"。"民粹主义者和第三党并不通晓如何开展政治治理，仅仅是煽动、教化并为我们的政治生活提供动力"；"当第三党的政治主张变得足够流行时，他们随即就会被主流政党中的一方或双方所侵蚀，而后第三党就彻底消失了"。② 自两党制确立以来，从19世纪中叶的反奴隶制和反移民政党到开创了镀金时代的民粹主义者和进步主义者，从威廉·布赖恩到斯特罗姆·瑟蒙德、乔治·华莱士、罗斯·佩罗，所有轰

---

① Thomas Harrison, "Trump Presidency Was Brief, but Legacy Will Stretch Further," Missoula Current, November 10, 2020, accessed December 30, 2020, https://missoulacurrent.com/government/2020/11/trump-presidency-legacy/.

② Richard Hofstadter, *The Age of Reform: From Bryan to F. D. R.* (New York: Random House, 1955).

轰烈烈的第三方革命都在短时间内深刻影响了美国选举政治的走向，但最终全部默默归于平静，其竭力推崇的政治主张也逐步为两党所分化。即便是深孚众望的老罗斯福，在1912年一举拿下了88张选举人票，成为唯一一位在竞选时成功跻身第二位的第三方候选人，其结果无非是戕害了共和党，其政治理念在此后的共和党连续执政阶段也未能保留下来。如果特朗普在2024年执意竞选并再次失败，很可能会面临这样的窘境，共和党内狡猾的本土主义者会把这场轰轰烈烈的文化战争传承下去，但适度收敛特朗普过度激进的社会政策，民主党内亟待出位的民粹主义者也会尝试继承特朗普的反建制选民，特朗普主义同样可能在一两届政府过后烟消云散，如以往历史上出现过的所有第三方一样最终归于平静。

  无论怎样，至少在过往的6年里，特朗普以一己之力，将共和党带向了激进的右翼、将民主党推向了绝对的左翼，共和党以前所未有的力度向下拥抱了民粹主义，民主党的进步派朝着完全相反的方向全力拔高了自身的政治哲学，以拜登为党魁的新民主党人的历史使命是将自己横亘于这日臻撕裂的两端，尝试用传统价值和中间主义小心弥盖美国社会的伤痕。在第七政党体系的裂变期，没有任何一方能够预判自身的党运，民主党的温和回归与共和党的激进右倾最终很可能无法持久，过渡性的拜登政府结束后，两党都将被迫再次直面政党的路向选择这一根本问题，果敢决绝的政治摊牌存在极大风险，再次寻觅能够塑造全党的克里斯玛注定又会前路漫漫，彼时一场真正意义上的关键性选举或许才会最终到来。

第七章　总结与展望：
下一场关键性选举何时到来？

一、第七政党体系以来的回顾与反思

自克林顿宣布"我是一个不一样的民主党人，这里只有一个蓬勃的新民主党和一个疲倦的旧共和党"以来，^① 第七政党体系踽踽至今已经近30年。从政党体系的更迭周期来看，30年的时间足够完成一轮矛盾集聚、结构裂变和体系衰败。在第七政党体系出现以前，从1896年到1992年，三个政党周期分别维系了34年、36年和24年，如此看来，我们似乎有足够的理由向着下一个政党体系眺望。过往十年，第七政党体系的主导政党民主党出现了致命的分裂，在新民主党人的天平两端，一右一左先后出现了茶党和进步派两大派系，作为"第三条道路"的坚守者，新民主党的温和立场不断受到激进主义的挑衅与蚕食，在选举政治乱局中

---

① Mitchell Locin, "Clinton Says He's a New Democrat," *Chicago Tribune*, October 22, 1992, accessed January 8, 2021, https://www.chicagotribune.com/news/ct-xpm-1992-10-22-9204050594-story.html.

第七章　总结与展望：下一场关键性选举何时到来？

步步败退。① 直至2016年特朗普的横空出世，彻底撕裂了第七政党体系的繁华表象，正式启动了新一轮政党体系的裂变周期。

回头再看，特朗普只是开启了一个新时期的序幕。无论从何种表征来看，2016年和2020年都无法被简单释义为一场关键性选举。第七政党体系的楔子议题并未被打破，两党的选民联盟尚未出现大规模重组，甚至连叛变州数量都远远达不到关键性选举的门槛。2016年，特朗普一举打破了民主党人苦心构筑的蓝墙，但也仅有7个州发生了叛变。2020年，这一数字进一步缩减为5个，拜登只是利用了特朗普极度昏聩的执政绩效，勉强对新民主党人的蓝墙工程做了些简单修补。纵观此前的关键性选举，在1932年、1968年和1992年，叛变州数量分别达到了35个、34个和22个，与2016年、2020年完全不在同一个数量级上。如果我们再退一步，对整个第七政党体系进行回望，我们发现即便对于1992年而言，关键性选举的表征也并不是特别突出。20世纪的美国选民基本盘源生于共和党的1896年和民主党的1932年，分化重组于美国政治激情动荡的1968年，此后便总体安静下来。尽管民主党仍然在高举自由的旗帜，仍然在不断开发女性、少数族裔等新的选民群体，但在长达半个世纪的时间里，民主党再未出现过史蒂文森、麦戈文那般充满激情的政治呐喊，再未出现过肯尼迪和约翰逊那般令人敬畏的政治意志。共和党方面尽管先后出现了里根保守主义、金·里奇的"美利坚契约"和特朗普民粹主义革命，但整个共和党前行的基本路向仍旧是戈德华特在1964年所

---

① 数字统计显示，民主党在奥巴马任内的各级选举活动兵败如山倒，8年总计丢掉了1024个议席。详见 "Democrats Lost over 1000 Seats under Obama," Fox News, December 27, 2016, accessed December 30, 2020, https://www.foxnews.com/politics/democrats-lost-over-1000-seats-under-obama。

确定的，后继的所有共和党人自始至终在讲述一个基本雷同的政治叙事，能不能当上总统，完全是看候选人出现的时间和讲述的水平。

1968年以后，美国的选举政治格局步入了一个相对稳定的长周期。1980年和1992年，共和党和民主党各自出现了一次深刻的选民基本盘调整，只是相较于此前的关键性选举年份，这两次调整在规模上有所减小、量能上有所收敛。有趣的事情在于，自1980年以来，每次影响联盟重组的叛变选民大抵是同一拨群体，这部分被称为里根民主党人的选民在1980年为里根及其信仰的保守主义价值所深深濡染，在1992年又对老布什的无力和背叛极度失望，并在整个第七政党体系的推进过程中频繁地在两党间穿梭游走。如果我们历数第七政党体系以来的各届选举，按照奥古斯·坎贝尔的概念界定，克林顿在1996年、小布什在1994年、奥巴马在2012年的连任选举毫无意外是标准的"维持性选举"；2000年与2008年两次总统竞选蹊跷的地方在于，获胜方所取得的叛变州竟然完全一样，[①] 这说明这部分里根民主党人选民在2000年选择了叛变，使当年的选举构成了"偏离性选举"，2008年这部分选民重新回归于自身的政党忠诚，从而构成了一组"恢复性选举"。同样的故事发生在2016年和2020年的铁锈地带摇摆州，居住于密尔沃基、费城和底特律郊区的白人选民在2016年宣誓了对特朗普的忠诚，但是在4年后重新皈依了民主党。如此来看，近30年美国选举政治的结构变迁与其说是发生了一次或者两次的"关键性选举"，毋宁说是反复出现了多轮的"偏离性选举"

---

① 内华达州、科罗拉多州、印第安纳州、俄亥俄州、弗吉尼亚州、北卡罗来那州、新罕布什尔州在2000年由蓝翻红，又在2008年由红翻蓝，两次竞选中的叛变行为完全一致。

与"恢复性选举"。如果按照沃尔特·波哈姆的选举周期理论进行重新解读，我们发现在1992—2016年，第七政党体系正处于系统平稳期，新民主党人占据了压制性的统治地位，他们告诉美国选民自己正在着手处理整个时代的楔子议题。2016年美国选举政治迎来了中期转折点。民粹主义作为波哈姆所谓的"第三股力量"彻底爆发并冲击了失效的两党政治，对于那部分朝秦暮楚的里根民主党人而言，特朗普就是21世纪的威廉·布赖恩，特朗普共和党就是当年带领农民闹革命的人民党，两党内部主流派系同步遭遇党内激进民粹派系的挑战与惩罚。此后便是拜登在2020年的周期性收尾，第七政党体系彻底转入体系衰败期，疫情危机和经济重压使得两党的责任意识显著增强，无论左派还是右派、无论建制主义还是民粹主义都开始被迫直面当前体系的楔子议题，并将美国引至真正的关键性选举。

　　未来十年，我们将见证这场选举何时发生、因何发生、怎样发生。近两次美国总统选举带给我们的最大教训就在于，我们无法预判任何一场哪怕是近在咫尺的选举的状况。小施莱辛格曾经在其离世前不久提醒世人，"所有的历史学家都是其自身经验的囚徒和自身所固有的先入为主之见的奴仆"，"一切都是以我当时所处的历史时代为条件的"。[①] 如果只是单纯通过历史意义的透视理解，越是身处于这个时代，越是毗邻于即将到来的关键性选举，越可能沦为自身经验的囚徒而不自知。行文至最尾一章，让我们跳出此前几章的历史铺陈，尝试从不同的角度重新审视美国的政党选民联盟重组，从第四政党体系以来的美国选举政治实践中抽析出最具结构性、稳定性、持久性的主线逻辑，从人口政治、选

---

① Arthur M. Schelesinger, Jr., "History and National Stupidity," *The New York Review of Books*, April 27, 2006, p. 14.

区划分、党争博弈三个角度横向切入，对下一轮政党选民联盟重组和可能到来的关键性选举进行展望。

二、移民激增与民主党的量能优势

选举政治的基础是一个个实实在在的选民，选民的身份构成、政治立场、意识形态决定了其个体的选举偏好。理论上讲，如果针对选民的分布和偏好进行结构性的深入研究，是可能得出系统性的经验结论的。这是人口政治学的研究范畴，这门学科无法决定选举政治格局，但选民结构的确具有可预测的稳定性和变化性，人口分布调整对选举格局具有极为重要的塑造作用和潜在影响。[①] 这门学科的研究范本是美国的人口分布状况，美国商务部下属的人口普查局每十年对美国人口进行一次普查，从人口分布对选举政治的影响看，1890年的人口普查宣示了边疆时代的终结，1960年的人口普查宣示了大城市时代的终结，时间进入第七政党体系，20世纪以来连续两次人口普查所呈现的趋势在于本土主义可能面临终结，白人选民可能在2040年前后从美国选举政治中的多数派彻底成为少数派，民主党将成为这一人口结构变迁的最大受益者。

20世纪以来，伴随外部移民大量流入、选民结构逐步趋向年轻化、多元化，共和党逐渐发现自身正在面临愈发严重的选民基本盘量能不足问题。从联邦到地方层面的各级选举，共和党候

---

① Rob Griffin, William H. Frey and Ruy Teixeira, "America's Electoral Future: The Coming Generational Transformation," American Progress, October 19, 2020, accessed January 8, 2021, https://www.americanprogress.org/issues/politics-and-elections/reports/2020/10/19/491870/americas-electoral-future-3/.

选人即便在每一场选战中奋力拼搏，最后也只能勉强取得极其微弱的胜利。历数第七政党体系的8次总统选举，凡是民主党人笑到最后的，他们总是赢得极其轻松，5次胜选分别多赚到了202、240、192、126、74张选举人票，选票优势分别达到5.6%、8.5%、7.2%、3.9%、4.4%；而反观共和党人的3次竞选，小布什和特朗普都赢得十分艰难。事实上，在过去的8次总统选举中，共和党仅有小布什在2004年得到了50%以上的选票，共和党两次凭借选举人团制度优势侥幸得到了总统职位，两次的决定性选票分别只有1784张和8.7万张。在美国选举政治历史上，上一次短时间内密集出现这种情况还要回溯至第三政党体系的1876年和1888年，随即而至的便是1896年决定美国工业化、现代化进程的关键性选举。正如波哈姆所言，"懒惰的政治惯性与注定的政治变革始终是动态、辩证的两极"。[①] 种种迹象表明，第七政党体系已然出现两党角力的结构性失衡，共和党人不会任由这种失衡存在太久，在政党哲学失去吸引力、渐入衰败期之前，共和党会及时启动政党路向的反思，抢先发动革命重新唤醒选民基本盘的规模和量能。

共和党方面的反思成果就是2012年罗姆尼败选"尸检"报告，报告认为本土白人注定会在21世纪40年代的某个时刻成为少数派，共和党应实行全面性的移民政策改革，效仿民主党的中间路线，向女性、黑人、拉丁裔、亚裔和同性恋选民靠拢。正如共和党大战略家迈克·墨菲所言，"如果我们反对人口政治学，就

[①] Walter D. Burnham, *Critical Elections and the Mainsprings of American Politics*, p. 27.

会像一条迷失的蟒蛇一样慢慢将自己逼向死路"。[1] 不幸的是，共和党对于人口政治学的研究仅限于理论层面，2014年众议院二号人物埃里克·康托尔因温和的移民政策遭到茶党围剿并落选中期选举、2016年特朗普的竞选胜利并推行极端反移民政策，直接宣告共和党在这一问题上的战略反思彻底失败。21世纪已经过去20年，共和党的人口结构劣势与日俱深，然而截至特朗普政府离场之时，共和党方面尚未打算执行改变人口政治被动局面的既有战略，仍然将赌注放在白人选民的负隅顽抗上、放在下一个可能出现的本土主义护卫者身上。

与共和党截然不同，作为人口政治的获利方，民主党对于自身在选举政治格局中享有的先验优势进行了系统而深入的思考和维持。这方面最为重要的成果之一是由威廉和弗洛拉·休利特基金会与美国民主基金会共同发起的"变动的国家：人口统计学与美国民主项目"，[2] 项目汇集了威廉·弗雷、罗布·格里芬、鲁伊·特谢拉等在内的大量人口政治学方面的专家，系统梳理并分析了1970—2060年美国人口结构变迁给两党选举格局带来的变化。2020年6月，该项目发布了第五个年度报告，从种族、年龄、性别、世代和教育程度各方面对统计数据进行了系统更新，重点预测了人口变迁、代际因素如何结构性影响至2036年的五届总统大选结果。

首先，从人口结构变迁来看，美国选民将持续向多元化方向发展，新世代会比此前代际拥有更大的种族差异。2016年，美国

---

[1] Philip Rucker and Robert Costa, "Election Reveals Deeper Divides between Red and Blue America."

[2] Rob Griffin, William H. Frey and Ruy Teixeira, "America's Electoral Future: The Coming Generational Transformation."

白人在选民总量中占69%，2020年这一数字已经降至67%，2036年将进一步降至59%。与之同步，拉丁裔选民将从2016年的12%增至2036年的19%，亚裔和其他少数族裔选民将从7%升至9%，黑人选民比例将稳定在13%左右。同时，选民结构整体正在趋向老龄化。65岁及65岁以上选民将占据更大份额，从2016年的21%增至2020年的23%、2036年的28%。白人在老年选民中所占比例将从2016年的79%下降至2036年的70%。此外，选民教育程度逐步走高。2016年缺乏大学学位的白人选民占比高达46%，这一比例在2020年、2036年将逐步降至43%、34%。如果单从选民结构的静态模型来看，多元化、年轻化、知识化的人口变迁趋势利好民主党，老龄化的人口变迁趋势利好共和党。

其次，如果把选民结构与选区结构相结合，人口结构变迁影响会产生更加微妙的变化。截至2020年，美国各地少数族裔占比超过40%的州仅有7个，其中夏威夷州、新墨西哥州、加利福尼亚州和得克萨斯州4州的少数族裔人口占比超过50%，内华达州、马里兰州和佐治亚州的这一数据为40%—50%。到了2036年，预计将有10个新增州迈过40%的门槛，使得少数族裔人口近半的州达到17个。与此同时，白人选民占比超过80%的州会从2020年的19个大幅锐减至2036年的10个。报告对州域人口政治变迁的结果进行了模拟试验，结论显示，密歇根州、宾夕法尼亚州将于2020年回归民主党，佛罗里达州、威斯康星州、佐治亚州和北卡罗来纳州将紧随其后。4个月后的2020年选举结果证明，实际进程已经显著超过了报告预期，在2020年，除了佛罗里达州和北卡罗来纳州，上述提到的所有人口政治变迁较大的州已经全部加入了民主党阵营。

最后，如果把人口政治与代际政治相结合，情况将对民主党更为有利。美国选举界有一个常见假设，即选民年轻时普遍是自由主义者和民主党人，但随着年龄的增长，选民将面临更多来自生活的重压，例如房屋所有权、婚姻和抚养子女等，他们的观念会变得更加保守、更加趋向共和党。如果美国人口政治变迁按照这样的静态模型演变，老龄化趋势将有利于共和党；但如果考虑到此中的代际因素，情况则完全不同。数据显示，到了2036年，千禧一代、Z世代①以及紧随Z世代的尚不知名的新一代选民将构成选民总体的60%。彼时，婴儿潮一代选民比例将骤降至17%，沉默的一代将几乎完全消失。值得注意的是，千禧一代和Z世代明显比上一代更加具有种族多样化和立场自由化特征，在政治立场上会更加倾向于民主党。（相关分析见表2）

表2 2016—2036年选民的种族、学历、年龄结构分布（单位：%）

选民类别	2016年	2020年	2036年
黑人	13	13	13
拉丁裔	12	14	19
亚裔/其他	7	7	9
有大学学历白人	23	24	25
无大学学历白人	46	43	34
18—29周岁	22	21	19
30—44周岁	24	24	25
45—64周岁	34	32	29
64周岁以上	21	23	28

资料来源：Rob Griffin, William H. Frey and Ruy Teixeira, "America's Electoral Future: The Coming Generational Transformation," American Progress, October

---

① Z世代，英文简称Generation Z，指出生在1995—2010年的青年群体，这是第一批同时生活在电子虚拟与现实世界的原生世代，由科技发展形塑的社群关系与价值观深深影响了这一代人的自我认同。

19, 2020, accessed January 8, 2021, https://www.americanprogress.org/issues/politics-and-elections/reports/2020/10/19/491870/americas-electoral-future-3/。

结合近年来的选举政治实践来看，该报告提出的关于人口政治与代际变迁的很多深刻结论值得深思。报告认为，2016年大选是过去36年来人口政治学意义上分歧最大的一次选举，与任何过往的美国总统选举相比，这次选举中的选民在年龄、种族和教育方面的分歧更大。报告判断，接下来即将进行的5次总统选举，美国人口政治和代际政治的变迁趋势将有利于民主党，从而使得民主党获得源源不断、越来越大的选票优势。2016年，希拉里、特朗普分别赢得48.2%、46.1%的选票，民主党的领先优势是2.1个百分点。以2016年为基点，2020年民主党在选票层面的领先优势将从2016年的2.1个百分点上升至2020年的3.5个百分点；如果考虑代际变迁因素，民主党的领先优势将达到5.7个百分点，这与4.4个百分点的实际选举结果已经惊人地趋近了。按照统计模型估算，这一趋势会在未来的16年内变得愈发不可阻遏，民主党的领先优势会在每次总统选举中平均增加约3个百分点，到2036年将总计增加18.3个百分点，这一幅度与罗斯福在1932年的关键性选举中获得的胜选优势完全相同。这一结论说明，人口政治和代际政治可能产生令人难以置信的强大影响，如果民主党在下一个十年连续扩大选举优势，说明共和党方面一定出现了致命的选民基本盘问题，这为共和党实施战略革命、重塑竞选纲领、根本性重组政党选民联盟提供了强大动力。

诚然，报告的研究结论仅限于理论层面，并不意味着在选举政治的实践层面共和党注定会就此沦落下去。比如，在2020年总统选举中，特朗普就收获了来自拉丁裔选民的鼎力支持。正如特谢拉所承认的，"人口政治学无法决定选举政治格局的命理，拉丁裔选民的投票决定既关乎历史，也关乎地理，更关乎联盟建设和社区组织等很多方面"，"很明显拉丁裔工人阶级对经济环境更为敏感，他们非常担心自己的工作、家庭和收入，而民主党并未给他们提供这些远景期望"。弗吉尼亚大学的选举政治专家拉里·萨巴托也认为，优秀的选举组织可以弥补人口政治的先天不足，他观察到特朗普治下的共和党自2016年胜选后悄悄改变了基层选民动员策略，在摇摆选区和共和党腹地加大了选民注册力度，其效果在2020年的佛罗里达州和铁锈地带农村选区得到彰显。① 正如报告所反复强调的，"我们生成上述结论并不是为了预测未来，而仅仅是为了估测人口结构变化对选举结果的塑造作用和潜在影响"。②

无论对于民主党还是共和党来说，人口政治学从来都是公平的。20世纪同一时段，由于占据了工业化和现代化两大标签，新增的外来移民总会源源不断涌向共和党，导致民主党在整个第四政党体系陷入颓败，毫无反击之力。一个世纪过后，民主党同样获得了结构性的人口优势，这次历史赋予他们的标签刚好是党内两大派系的核心理念——"包容"和"进步"。共和党的人口机遇在于拉丁裔选民，如果能够用好这一重要的选民增量，如同民主党在20世纪中叶成功将黑人选民争取到自身阵营中一样，但未来这场少数族裔争夺战的胜负还远未可知。如果共和党人未能及时

---

① Nora Gámez Torres, " 'Invisible Campaign' and the Specter of Socialism: Why Cuban Americans Fell Hard for Trump," *Tampa Bay Times*, November 20, 2020, accessed January 8, 2020, https://www.tampabay.com/news/florida-politics/2020/11/20/invisible-campaign-and-the-specter-of-socialism-why-cuban-americans-fell-hard-for-trump/.

② Rob Griffin, William H. Frey and Ruy Teixeira, "America's Electoral Future: The Coming Generational Transformation."

调整自身竞选策略，采纳更具包容性的移民政策，尽快解决选民基本盘量能不足这一根本问题，未来十年就是见证人口政治学效力的绝对时刻。从这一角度看，共和党任由特朗普主义苟延残喘的每一天都是他们失去年轻选民和少数族裔选民的一天，1996年以后出生的美国人最终不仅会毁掉特朗普王朝，而且可能会根本性损害共和党赖以生存的政治保守主义。①

三、选区划分与共和党的地理优势

人口政治和代际政治为民主党带来了先验的选民基本盘优势，这一优势不是今天才出现的，而是自整个第七政党体系出现以来就已经结构性存在的。然而，从21世纪前20年的选举政治实践来看，共和党在与民主党的缠斗博弈中负隅顽抗、不分伯仲、未落下风，根本原因在于，共和党同样有着自身的先验优势。美国选举政治界有一句流传甚广的名言——"一切政治都是地方政治"。② 对于共和党来讲，有利的选举地理格局就是其当仁不让的先验优势，这一格局主要是通过2000年、2010年两次极为成功的选区划分实现的。

选区划分是美国选举政治的重要课题之一。根据联邦宪法，国会众议院席位及其选区分布，必须每十年根据新的人口普查结果进行重新划分，各州分配到的议席数量和选区位置将据此进行

---

① Laura Barron-Lopez, "The Rise of Gen Z Could Foretell the Fall of Trumpism," *Politico*, October 11, 2020, accessed January 8, 2021, https://www.politico.com/news/2020/10/11/gen-z-fall-trumpism-gop-realignment-424171.

② Andrew Gelman, "All Politics Is Local? The Debate and the Graphs," *Five Thirty Eight*, January 3, 2011, accessed January 18, 2021, https://fivethirtyeight.com/features/all-politics-is-local-the-debate-and-the-graphs/.

调整，对于此后十年包括总统选举在内的各级选举将产生深远影响。自1960年首次人口普查以来，美国的平均人口中心整体向西南方向移动了约300英里，西部、南部区域分别净增33个、28个选区议席，相应地，东北部和中西部区域分别减少30个、31个选区议席，根本上改变了美国的选举政治版图。其中，加利福尼亚州和佛罗里达州所占议席分别增加了15个和13个，人口因素对于民主党和共和党打造各自的政治大本营起到了绝对关键的作用。① 城乡间的人口流动也在近十年逐步加快。2010—2020年，城市化指数低于8的农村县减少了3.1%的人口，这是特朗普的铁盘；城市化指数在11—13的城郊县则增长了9.6%的人口，这些县中的绝大部分在2020年投票支持拜登；城市化指数高于13的18个县，人口增长了8.4%，这是拜登当仁不让的大城市郊区阵地。总的看，在过往的十年间，538个支持拜登的县中有370个县（69%）的人口实现了大幅增加，平均增长率为3.4%；相比之下，2574个支持特朗普的县中有1468个县（57%）的人口在逐步减少，平均增长率仅为0.2%。在这一过程中，如何利用人口的增长、流向和分布勾勒选区，成为两党争夺选民的一项极为艰深的政治艺术。"这是一个复杂的政治博弈过程，其复杂性不仅体现在涉及的利益众多，如在任者利益、党派利益、少数族裔利益，还体现在选区重划的标准繁多并具有内在的相互冲突性"。② 参议院前多数党党鞭约翰·康宁曾经坦言，"没有什么比选区划分更具

---

① Geoffrey Skelley, "How Congressional Representation Has Changed over the Past 50 Years," Center For Politics, April 6, 2014, accessed January 18, 2021, https://www.centerforpolitics.org/crystalball/articles/how-congressional-representation-has-changed-over-the-past-50-years/.

② 杨悦:《美国众议院选区划分及其政治含义》,《国际论坛》2012年第7期，第67页。

政治意味的工作了"。民主党全国委员会前主席约翰·波德斯塔也认为,"那些画地图的人是最了解美国政治、最为专业的分析人员"。①在美国选举政治的实践层面,选区划分给两党政治角力带来的远期影响不亚于人口政治变迁,一次成功的选区重划可以带来长达十年的党运兴盛。某种意义上讲,"选区重划就像是一次政治重生"。②此前五轮与2020年人口普查后各州的联邦议员席位调整情况见表3。

表3 此前五轮与2020年人口普查后各州的联邦议员席位调整情况③

地方州	1960—2010	2020	地方州	1960—2010	2020
加利福尼亚州	15	−1	得克萨斯州	13	2
纽约州	−14	−1	佛罗里达州	15	1
宾夕法尼亚州	−9	−1	北卡罗来纳州	2	1
俄亥俄州	−8	−1	俄勒冈州	1	1
伊利诺伊州	−6	−1	科罗拉多州	3	1
密歇根州	−5	−1	蒙大拿州	−1	1
威斯康星州	−2	−1			

理论上讲,选区划分的标准殊异可以导致党派席位的截然不

---

① Jeffrey Toobin, "Drawing the Line," *The New Yorker*, March 6, 2006, accessed January 18, 2021, https://www.newyorker.com/magazine/2006/03/06/drawing-the-line-3.
② Pamela S. Karlan, *The Fire Next Time: Reapportionment after the 2000 Census*, accessed January 18, 2021, https://www.jstor.org/stable/1229322.
③ 以上数据引自美国人口普查局。参见 "Population and Housing Unit Estimates," United States Census Bureau, accessed May 1, 2021, https://www.census.gov/programs-surveys/popest.html。

同。在这方面,选举分析机构538进行了颇具开创性的研究,[①] 该研究以2018年中期选举为例,按照当前情形、共和党最优、民主党最优、中允竞争和极端竞争等多种情景进行测算,结果表明,如果允许共和党按照本党利益最大化原则对选区划分进行完全操控,所取得的席位最多可以达到263.7席,民主党只剩下184.4席;而如果一切颠倒过来,是民主党在操控选区划分,则其可以得到250.6席,共和党只剩下171.3席;如果两党严格按照各州的选民比例规定各自的选区数量,不相上下的选区应该只有82个;但如果两党愿意撕破脸皮,最大限度地制造战场,在绝对竞争的状态下,理论上可以使242个选区陷入你死我活的激烈厮杀。由此可见,选区划分是一个非严格对称但近似零和博弈的战场,这一制度客观上推动两党务必要竭尽全力抢夺选区,最大限度捍卫己方利益。

在诸多选区划分的常识逻辑中,"选区效率"[②] 是最为核心的概念,通过计算两党选票的浪费情况,反映哪一方更为有效地将选票优势转化为实实在在的选区议席。2016年总统选举,希拉里在胜选州的选票浪费率为16.8%,特朗普仅有10.2%,在选区

[①] Aaron Bycoffe, Ella Koeze, David Wasserman and Julia Wolfe, "The Atlas of Redistricting," Five Thirty Eight, accessed January 18, 2021, https://projects.fivethirtyeight.com/redistricting-maps/.

[②] 尼古拉斯·斯特凡诺普洛斯和埃里克·麦吉提出了"选区效率"这一概念以衡量选区划分公正性,详见Nicholas O. Stephanopoulos and Eric M. McGhee, "Partisan Gerrymandering and the Efficiency Gap," *University of Chicago Law Review* 82 (2015): 831-900。计算公式为:某党的选区效率=(某党浪费的选票-另一党浪费的选票)/当期的选民总数。详见Eric Petry, "How the Efficiency Gap Works," Brennan Center, accessed January 18, 2021, https://www.brennancenter.org/sites/default/files/legal-work/How_the_Efficiency_Gap_Standard_Works.pdf。

效率上明显高于希拉里。有关研究表明，①受选举人团制度影响，单张白人选票的价值会比黑人、拉丁裔和其他族群选票的价值分别多出16%、28%和57%。尽管特朗普最终输掉了280万张选票，仍然可以赢下选举人团，就是因为白人选票的价值被不成比例地扩大了，选票的边际效用被利用到了极致。如果以选举人团比例和选票比例所占份额来衡量胜选方的"选举通胀率"，②我们发现1828年以来的历次总统大选，获胜方的平均选举通胀率为1.36，拜登在2020年的数据为1.11，低于2016年特朗普的1.23。不难看出，在整体利益最大化的选举战略中，选票绝非多多益善的简单逻辑，"险胜"比"稳赢"要更有效率。只要占据选区优势，这种效率在关键时刻可能会比选民基本盘规模更有实际意义。

现实层面来看，情况远比理论层面更加残酷。2010年，共和党在国会中期选举中大幅赢下63个众议院席位，一举翻身成为众议院多数党，即刻在国会形成对奥巴马政府的重要挟制。然而，与此同步出现的更为深远的影响在于，共和党在州一级竞选中确立了更为长远的优势，这使得共和党在此后十年的各级竞选中深深受益。其实早在2010年之前，共和党就已经看到了这一战略重地，率先发起了"选区划分多数党运动"，将之视为决定此后十年两党命运的关键一役。从结果来看，2010年以前，共和党只能控制36个州的参/众议院，中期选举之后，共和党的控制力大幅

---

① Andrew Gelman and Pierre-Antoine Kremp, "The Electoral College Magnifies the Power of White Voters," December 17, 2016, accessed January 18, 2021, https://www.vox.com/the-big-idea/2016/11/22/13713148/electoral-college-democracy-race-white-voters.

② 计算公式为：获胜方的选举通胀率＝选举人票比例／选票比例。详见Drew Desilver, "Biden's Victory: Another Example of How Electoral College Wins Are Bigger than Popular Vote Ones," Pew Research Center, December 11, 2020, accessed January 18, 2021, https://www.pewresearch.org/fact-tank/2020/12/11/bidens-victory-another-example-of-how-electoral-college-wins-are-bigger-than-popular-vote-ones/.

跃升至56个，足以影响210个众议院联邦议员选区的重划，同期民主党只能控制44个。① 这一战略取得了奇效，自2010年以来，共和党在82.3%的州议会增加了议席，而民主党则在奥巴马任内灾难般地丢掉了1024个议席，彻底历经了"失去的十年"。② 截至2020年底，全美50个州中有五分之四的州选区是由共和党划定的，在人口密集的24个州中，共和党划定的比例占据了四分之三，几乎所有的摇摆州选区也都是共和党在这一阶段划定的。对于民主党而言，共和党的这一优势会具有一种令人绝望的累积效应，在下一次选区重划到来之前，在地方选举中几乎完全不存在翻身的可能。正如选区划分专业机构布伦南研究中心所提出的，"有足够的证据表明，过度的'不公正选区分配'严重破坏了联邦选区地图，共和党的选区优势已经构成对美国民主的威胁"。③

按照美国宪法，州议员、州长和州法院分别是本州选区划分的决策者、批准者和裁决者。目前，全美50个州共设有49个州参/众议院（内布拉斯加州实行一院制），共含1972个州参议员、5411个州众议员席位。对绝大部分州而言，选区划分方案由州议会提出并制定，④ 少部分州会专门成立咨询委员会、独立委员会或支持委员会负责选区划分，委员会名称区别反映出机构与州议会不同深度的合作方式，从委员会成员身份、选任程序、机构权

---

① 以上数据引自Ballotpeida，https://ballotpedia.org，访问日期：2021年1月18日。
② "Democrats Lost over 1000 Seats under Obama," Fox News, December 27, 2016, accessed January 18, 2021, https://www.foxnews.com/politics/democrats-lost-over-1000-seats-under-obama.
③ Laura Royden and Michael Li, "Extreme Maps," Brennan Center, May 9, 2017, accessed January 18, 2021, http://www.brennancenter.org/publication/extreme-maps.
④ 全美有34个州的联邦议员选区由州议会负责制定，32个州的州议员选区由州议会负责制定，简单多数投票即可获得通过。在康涅狄格州和缅因州，需要得到州议会三分之二的票数才可通过。

限等方面能够体现出州议会对于选区划分权力让渡程度的不同。在绝大部分州，州长拥有对州议会选区方案的否决权，① 但这一否决权可能为在州议会中占有绝对多数的政党所再次推翻。由于各州对选区重划设有时限要求，如果州长和州议会始终无法就划分方案达成一致，地方法院甚至联邦法院会最终介入，协商解决方案或是干脆抛出法院的划分方案。② 而如果单一政党能够同时占据州长和州议会两院的多数党地位，便可以将行政权力与立法权力连通起来，在本州重大事项的决策上畅通无阻，对选区划分施加强大的影响力，这一概念在美国地方选举政治中被称为"三杀权"。2020年国会选举过后，共和党与民主党籍州长分别为27人和23人；共和党在全国各州的立法席位占比为52.39%，民主党占比为46.58%；共和党在59个州议会占据多数党席位，民主党在39个州议会占据多数党席位；共和党在17个州拥有议会绝对多数席位，③ 民主党只在6个州有此地位；共和党在23个州拥有"三杀权"的绝对优势，而民主党仅在15个州有此优势，38个州分别为两党所完全控制的状况也是近年来的峰值，客观上也体现出两党极化的政治状况日趋严重。④

综上所述，我们不难发现，尽管民主党人获得了2020年总统

---

① 在堪萨斯州、密西西比州、康涅狄格州、佛罗里达州、马里兰州、密苏里州、俄亥俄州、北卡罗来纳州，州长没有对州议会选区的否决权；在康涅狄格州和北卡罗来纳州，州长对州议员和联邦议员选区均没有否决权。

② 在2010年选区重划中，司法系统最终介入了42个州的方案审议，裁决了22个州的联邦议员选区划分方案，宣布了2个州的方案违宪，在9个州亲自制定了最后的解决方案。

③ 绝对多数席位一般指单独一党控制了议会五分之三或三分之二的席位，从而可以行使多项超级权力，包括直接否决州长的否决权、弹劾州行政及司法部门官员、修改州宪法等。

④ 以上数据引自Ballotpeida, https://ballotpedia.org, 访问日期：2021年1月18日。

选举的胜利，但共和党仍旧占据着下一个十年基层政治的绝对控制力，仍然把控着两党选举政治结构平衡的绝对主动权。2020年4月出炉的人口普查结果显示，美国常住人口3.315亿人，比2010年增加7.4%。美国人口流向仍然呈现从东北向西南蔓延的基本态势，这使得共和党持续在第三个十年得到选区红利，即便不做任何政治操控，单凭人口的自然流动，红州净增议席也会显著超过蓝州，按照调整后的议席分布，拜登在2020年胜选时得到的306张选举人票即刻缩水至303张。如果加上选区划分操控，共和党全面掌控187个国会选区的重划，占比为43%；民主党全面掌控75个选区的重划，占比仅有17%；167个选区将由独立委员会负责选区重划或由两党分享州议会两院权力，占比为38%。理论上讲，两党在各自的优势选区会按照己方利益最大化原则进行政治操控，确保自身的选区利益绝对安全、绝对稳定。对共和党而言，佛罗里达州、得克萨斯州、北卡罗来纳州、佐治亚州都具有"三杀权"的绝对优势，可以在选区重划过程中畅行无阻。以上4州在2020年普遍面临翻盘风险，佐治亚州历史上首次在总统选举和参议院选举中双双由民主党占据优势，是共和党选区重划的重中之重，当地共和党委员会已经明确表态将针对这次意外叛党的亚特兰大郊区第6、第7选区进行肢解，以确保摇摆州选区安全。相比之下，民主党"三杀权"的变现能力则明显弱于共和党，只有伊利诺伊州和纽约州值得深挖细研，在自身核心腹地持续压榨共和党候选人的生存空间。

然而在实际操作层面，两党并未按照绝对利益最大化原则操控选区重划，选区差距也不像理论数字所显示的那么离谱。以共和党大本营得克萨斯州为例，2020年选举过后，共和党控制了得克萨斯州36个国会选区中的23个、民主党控制13个。本次选区划分过后，在得到人口红利带来的2个新增席位的情况下，共和党的选区方案仅仅为自己增加了1个可靠席位和1个摇摆席位，民主党的13个席位基本未动。这深刻反映出当下两党选区博弈的艰辛，面对得克萨斯州不断增长的拉丁裔选民和民主党人在城郊的强势崛起，共和党选区划分委员会即便精打细算、锱铢必较，能够有效调整的空间也不是很大。最终选择的方案成功使得得州一些相对危险的弱势席位更加牢靠，11个选区的相对优势从不到20个百分点到全部超过20个百分点，大幅降低了此后十年城郊选区持续失血的潜在风险，这已经是无奈之中的最佳策略。①与此同时，共和党对于潜在的法律诉讼也十分谨慎，尽管增加了两个新的国会选区，但西班牙裔占多数的国会选区的比例却在进一步降低，这与2010年以来西班牙裔人口大幅增长的实际现状形成尖锐矛盾，可能会使该方案遭受民主党人有关种族歧视的诉讼。在这方面，共和党人吃过大亏，2010年选区划分时，共和党在弗吉尼亚州、宾夕法尼亚州和北卡罗来纳州等州的选区方案非常激进，此后民主党人接踵而至的法律诉讼持续不断，直至2018年中期选举前由司法系统判定共和党人对选区划分不公，重创共和党的选区优势并直接导致2018年其在众议院选举的大幅受挫。2020年早些时候，在佛罗里达州众议院共和党领导层务虚会上，共和党选区重划基金会主席亚当·金凯德就曾对此提出警告，即便共和党在本轮选区重划中拥有先天的固有优势，但绝对不能据此过度扩张选区权力，"可以这样做并不意味着我们应该这

---

① Alex Samuels and Geoffrey Skelley, "Texas's New Congressional Map could Give a Huge Boost to GOP Incumbents," Five Thirty Eight, September 27, 2021, accessed October 17, 2021, https://fivethirtyeight.com/features/texass-new-congressional-map-could-give-a-huge-boost-to-gop-incumbents/.

样做"。① 最后，选区重划成功与否，根本上取决于两党对下一个十年的人口流动和选民偏好研判是否准确，一旦选举态势发生变化，苦心构筑的优势选区最终可能成为他人的嫁衣。上一轮选区重划中，民主党在中西部铁锈地带构筑了大量蓝领工人选区，在2016年成为促成特朗普胜选的关键助力；彼时共和党也将打造城郊选区作为自身的核心战略，然而这些选区在2018年最终大面积倒向了民主党。

本届选区重划较为特别的一点在于，联邦司法体系正在主动远离两党关于选区合理性与合法性的司法争议，近年来通过的两项司法判决将在本轮选区重划过程中首次启用，从而为双方提供最大限度的司法宽容。其一是2013年联邦最高法院对"谢尔比郡诉霍德尔案"（Shelby County v. Holder）②的判决，明确废除1965年《选举权法》中的司法部提前报备条款，这使得共和党可以在有种族歧视史的南方各州肆无忌惮地推进选区重划、压榨少数族裔选区，而不需要对联邦司法层面有任何顾虑。其二是2019年联邦最高法院对"北卡州民主党人起诉不公正选区划分案"（Rucho v. Common Cause）③的判决，明确裁定选区重划是一个政治问题而非一个司法问题。罗伯茨大法官在辩词中强调，"选区重划过程中过多的党派参与的确会导致结果'似乎合理地不公正'，但联邦法官无权在两个主要政党之间重新分配政治权力，这无法在宪

---

① Ally Mutnick, "Republicans Weigh 'Cracking' Cities to Doom Democrats," Politico, July 6, 2021, accessed October 17, 2021, https://www.politico.com/news/2021/07/06/republicans-redistricting-doom-democrats-498232.

② "Shelby County v. Holder, 570 U.S. 529 (2013)," accessed May 4, 2021, https://supreme.justia.com/cases/federal/us/570/529/.

③ "Rucho v. Common Cause, 588 U.S._ (2019)," accessed May 4, 2021, https://supreme.justia.com/cases/federal/us/588/18-422/.

法中找到合理授权，法院也并不具有寻求这种解决方案的责任"。以上两项判决均是两党法官按照党派划线以5∶4通过，相当于明确了司法系统将对选区重划主动保持距离，这将进一步放宽两党的政治操控空间，使得本轮选区博弈可能存在更多的变数。

总的看，未来一段时间伴随各州的选区重划工作陆续结束，我们可能会见证20世纪以来最为激烈的一轮选区博弈。如果共和党操控得当、充分发挥"三杀权"优势，会借助既有选区进一步固化美国基层政治的选举盘面优势，民主党纵有显著的人口红利、代际红利，但可能会持续为糟糕的选区格局所稀释。共和党能否将既往20年的选区优势完整传承至下一个十年，民主党能否利用特朗普治下美国社会的严重分裂夺回地方权力，将成为本轮选区重划的最大看点。"一切政治都是地方政治"，这句美国政党政治的经典名言将再次发挥其威力，为两党政治博弈带来一个新的十年。

四、党争博弈与两党的政治使命

2021年1月6日，在总统过渡期的最后时刻，在特朗普即将离场谢幕之前，美国爆发了举世震惊的国会暴乱。一小撮极端的特朗普支持者贯彻了总统意志，在国会山演绎了当代共和党版本的激情政治，一如1828年杰克逊就职典礼上大量农民掀翻桌子、打碎玻璃在白宫上演的民粹闹剧。在特朗普遥隔200年向民粹主义先贤致敬的同时，共和党也走到了不得不做出历史抉择的生死时刻。

自1964年共和党党代会戈德华特在演讲中引用西塞罗的名言，"捍卫自由时的极端并不是罪恶，追求正义时的温和也绝非美德"① 起，共和党就注定会走到今天这一步。通过践行极端主义以拒斥普遍主义，通过代言白人选民进而代言美国，这是共和党在过往半个世纪的根本路向选择。1964年、1980年和2016年，共和党历史上三次纵容了意识形态至上的激进候选人领导政党前行。艾森豪威尔以来的每位共和党总统几乎都是保守的中间主义者，每个人都向罗斯福新政发起过挑战，但也多多少少使自己适应了民主党的自由主义工程，只有戈德华特、里根和特朗普自始至终坚持自己的主张。在普遍主义的政治叙事里，本土白人选民被描绘为种族压迫者、环境掠夺者、资本主义食利者，平权运动以后，他们被批判的这些表征没有任何立足之地，只能对1968年之前的美国历史进行忏悔；未来半个世纪甚至更久，本土白人选民是唯一需要做出让步的选民群体，伴随移民持续涌入，这种让步将变得愈发艰难。现在的问题在于，共和党是否还要不计政党损耗、不计历史代价地坚定为这部分选民代言。

在共和党党史上，为数不多的几次温和的反思运动几乎全部以失败告终。2005年，共和党全国委员会主席肯·梅尔曼曾经公开为共和党的南方战略做了迟来但不失真诚的道歉，"一些共和党人放弃了来自黑人选民群体的选票，转而寻求另一种选择，试图从种族分化的历史进程中攫取政治利益。今天，我以党主席身份在这里告诉大家，我们错了"。② 2012年，另一位共和党主席普里巴斯主导了系统而深入的共和党"尸检"报告，然而这份报告仅

---

① "News Analysis; The Extremism Issue; Aides Say Goldwater Sought to Extol Patriotism and Defend His Party Stand."

② Mike Allen, "RNC Chief to Say It Was 'Wrong' to Exploit Racial Conflict for Votes," *The Washington Post*, July 14, 2005, accessed January 31, 2021, https://www.washingtonpost.com/archive/politics/2005/07/14/rnc-chief-to-say-it-was-wrong-to-exploit-racial-conflict-for-votes/66889840-8d59-44e1-8784-5c9b9ae85499/.

在理论上存在，2014年中期选举以后的共和党议员没有任何人向中间主义回望过哪怕一眼。就在共和党正式迈向"歧路"的1968年，温和的密歇根州州长乔治·罗姆尼在党内初选落败后曾经发出警告，"南方战略将使共和党彻底分裂"，这名民权运动和越战的双料拥护者在他所在的时代与共和党右翼就此分道扬镳。半个世纪后，他的儿子米特·罗姆尼在2012年竞选共和党总统候选人提名时，大大方方地称自己"非常保守"。① 与父亲一致的地方在于，米特·罗姆尼在自己的时代同样与共和党极右翼分道扬镳，然而他自己俨然已经成为右翼的中坚力量。罗姆尼家族并没有改变，是整个共和党的政治光谱在向右移动。2007年，亚利桑那州参议员约翰·麦凯恩在总统选战中表达了为白人选民站台的忧虑，"短期内，这可能会激活我们的基本盘，但从长远来看，共和党将付出沉重的代价"。没过多久，麦凯恩很快妥协了立场，称"这一点无法救赎。尽管我认为立栅栏的效果很差，但是如果他们（白人选民）想要的话，我会去建造这该死的篱笆"。② 在特朗普时代，麦凯恩是共和党传统右翼的最后代表，他的妥协在党内冉冉升起的极右翼势力看来一文不值，就在国会山暴乱的那个周末，亚利桑那州共和党在官方推文中公开攻击麦凯恩，称共和党永远不会回归他所代表的政党，共和党现在是也将永远是属于劳动者的政党。

在后特朗普时代，共和党被迫再次面对这一根本的路向抉

---

① Clare Malone, "The Republican Choice: How a Party Spent Decades Making Itself White," Five Thirty Eight, June 24, 2020, accessed January 31, 2021, https://fivethirtyeight.com/features/the-republican-choice/.

② Todd Purdum, "Prisoner of Conscience," Vanity Fair, January 3, 2007, accessed January 31, 2021, https://www.vanityfair.com/news/2007/02/mccain200702?currentPage=all&printable=true.

择：是选择成为一个由工人和农民组成的劳动者政党，还是选择去做一个支持工商业发展的市场护卫者；是选择信奉戈德华特与特朗普主义，还是选择去做一个麦凯恩和罗姆尼党人；是选择为广袤无垠的内陆选区发声代言，还是选择去沿海发达地带拓展新边疆。在共和党内部，激化民粹主义与复辟传统主义的两派势力始终存在，借助对国会山暴力活动的谴责，传统主义者似乎看到了修复党铭的希望，纷纷与特朗普主义割席；然而就在不远处，茶党分子虎视眈眈地守在一旁，他们高呼着"如果党要有未来，就必须成为工人党"，① 众议院共和党人甚至已经制定了明确的行动纲领，② 随时准备杀将出去全盘继承特朗普主义的政治衣钵和选民联盟。毋庸置疑，拜登政府的4年是共和党举旗定向的关键4年，在过往的两个政党体系里，共和党一以贯之、毫不犹豫地向右跃进，直至在2016年历史性地迎来了"特朗普革命"。如果这场乱局在党内能够得到足够严肃的反思和清算，共和党可能会适度回调至中间主义；如果共和党不幸为特朗普主义所反噬，美国最终会在共和党贪婪的右倾运动中变得更加不成样子。

对于民主党而言，第八政党体系是一个亟待脱胎换骨、涅槃重生的时代。在共和党民粹政治革命的这些年里，民主党始终在围绕圆滑、庸常而了无生气的中间路线打转。共和党敢于被"特朗普化"重塑甚至反噬，民主党却自始至终坚决拒斥任何可能

---

① Samuel Hammond, "Democrats Beware: The Republicans Will Soon Be the Party of the Working Class," *The Guardian*, November 6, 2020, accessed January 31, 2021, https://www.theguardian.com/commentisfree/2020/nov/06/democrats-republicans-working-class-party-election.

② Jonathan Swan, "House GOP Memo: Embrace of Trump Agenda Is only Option for Comeback," Axios, March 31, 2021, accessed April 8, 2021, https://www.axios.com/house-gop-memo-trump-embrace-only-option-for-comeback-4cc95492-0c86-4fe5-b592-84ff12b7e5d0.html.

的"桑德斯化"倾向；共和党的茶党势力风头正劲，民主党的政治衣钵却仍在几位年逾耄耋的老人手里传来传去，较之于共和党，民主党明显出现了更为严重、更难治愈、更具自我欺骗性的管党治党问题。一届过渡的拜登政府有其益处，中间派的魅力就在于其包容精神，他们始终认为政治是基于可能基础上的艺术，愿意去认真考虑本土白人的恐惧、焦虑和现实需要，想方设法弥合这个国家的裂缝和伤痕。但终有一日，中间主义要让位于积蓄待发的进步主义，从全民医保、绿色新政到消除贫困，进步派始终执着于美国社会中的不平等问题，并希望通过重构公民权和分配权，使得整个国家变得更加暖和起来。桑德斯绝非一个机会主义者，而是与戈德华特和里根一样真诚而深刻的思想家，自始至终，他都在想方设法从思想上改造他所在的政党，而不是简单地征服它并使其成为政党政治的一个普通玩物。在第七政党体系的尾声，民主党再次迎来了这一体系开端之际所拥有的无与伦比的历史机遇，同时也拥有足够的政治资源和强大的政治力量。结束一届昏聩混乱的政府、开启一段全新的旅程在任何时候都是足以载入史册的业绩。如果民主党能够不那么汲汲于将特朗普钉死在共和党的耻辱柱上，而是将重心放在管党治党、重建党铭上，后特朗普时代，民主党可能会迎来一个打造21世纪罗斯福新政的历史性机遇，并一举奠定整个第八政党体系的选举政治格局。

文章行至最尾一章，让我们大胆跳脱出当下，从一个更为长远的历史周期来回望民主与共和两党的政党使命。我们或许会发现，某种程度上，整个美国选举政治史本质上就是一部在理想国信念与合众国现实之间循环往复的历史。"一类人试图按照理想重塑现实，主张改造过程越快越好；另一类人则愿意无限期容忍理想和现实之间的鸿沟……在信仰狂热和信仰消极两极之间来回摆动"。① 自19世纪末布赖恩革命以来，民主党所代言的始终是美国政治中的激情一翼，他们坚信自己所面对的是一个不断变革的世界，"变革"本身就是这个时代最为伟大的政治美德，从身体肤色到对男性和女性的定义，从每日劳作应得的工作报酬到这个星球即将到来的气候灾难。他们认为，唤醒自身的政治激情，去维护关乎个体、国家乃至世界的公共利益，是每一名民主党党员必须为之奋斗的不言自明的责任。民主党是典型的群体党和行动党，其本能的政党使命就是源源不断地提供包容价值与进步思想，源源不断地输出一个又一个具有超脱梦想的国家领袖和政治天才。在激情政治与中庸政治两端的往复中，民主党总会间歇性地将美国向前拉扯，这是罗斯福与麦戈文在1932年与1968年所做的事情，这是肯尼迪在1960年竞选中那些震撼人心的呼唤——"美国大革命时，托马斯·潘恩说美国的事业就是人类的事业，在1960年和下一个十年，所有人类的事业就是美国的事业"，②"这个国家必须行动起来！"③ 与此同时，终归会有一些年代，进步的民主党人发现自己走得太快了，不得不暂时停下脚步，搁置自由主义的宏大愿景，这是泰德·肯尼迪在1980年告别演说中所深情陈述的，"对我来讲，几个小时以前，这场运动就已经结束了。对所有关心我们的人来说，工作在继续，事业在继续，希望仍在，梦想

---

① 塞缪尔·亨廷顿：《美国政治：激荡于理想与现实之间》，第6—7页。
② "Remarks of Senator John F. Kennedy at Civic Center, Denver, Colorado," September 23, 1960, accessed January 31, 2021, https://www.jfklibrary.org/archives/other-resources/john-f-kennedy-speeches/denver-co-19600923-civic-center.
③ "Remarks of Senator John F. Kennedy at Allentown, Pennsylvania," October 28, 1960, accessed January 31, 2021, https://www.jfklibrary.org/archives/other-resources/john-f-kennedy-speeches/allentown-pa-19601028.

永远不会泯灭"。① 这是克林顿在1992年突然绽出并将民主党带回中间主义的根本原因。如此观之，整个第七政党体系，就是民主党从麦戈文构建的理想国幻象中回归合众国现实的政党体系，文化进步主义的消退、经济自由主义的崛起、民粹政治的出现统统表明，民主党正在努力蜕去自己身上的优越性，降低身段尝试与一个真实的美国进行对接。事实证明，这场对接极为成功，但耗时良久。民主党行进至拜登时代，已经走到了要打开另一个变革时代的门口，务必要出现能够重新引领整个社会的、完全崭新的楔子议题，否则将会在与共和党漫无目的的缠斗与耗泄中渐入庸常。

对于共和党而言，自林肯重建国家以来，整个政党的终极使命就始终是致力于探寻何为美国、谁是美国人、如何为美国代言。共和党在这一问题上的信仰与民主党有所不同，较之于探索未知世界的伟大变革，他们更愿意回归自身、回归传统、回归宪法。在共和党人看来，民主党的自由主义者们所创建的是一种解释国家的理论，他们或许成功打造了一个基于公共利益的共同体；但共和党的保守主义者们所创建的则是一种解释自由的理论，他们所成功揭示的是一个道德纯洁的政治立场——美国公民不过是基于共同利益而存在的个体，美国梦的构建应当基于一种自我实现的繁荣，而不是单纯地依赖政府。在过往的半个世纪里，共和党始终在指责民主党以变革之名过度介入了公民的个体生活，指责自由主义者发起了文化战争、推动了两极分化，保守主义者则自始至终保持着审慎的政治美德，仅仅是在本能地对他们所遭

---

① Edward M. Kennedy, "The Dream Should Never Die," an address at the Democratic National Convention in New York City, August 12, 1980, accessed January 31, 2021, http://www.tedkennedy.org/ownwords/event/1980_convention.html.

受的侵略做出回应。在这一过程中,共和党也出现了分裂,也做出了巨大牺牲,正如白修德所深刻描述的,"共和党就像一个双胞胎,从诞生那一刻起一直像双胞胎——这对使用相同名号且同在一个屋檐下的双胞胎就像雅各和以扫一样:他们相互残杀,而非情同手足。共和党内部汇集了两股溪流,一股溪流是崇高无上的美国理想主义,另一股溪流是粗俗不堪的美式贪婪"。① 在20世纪60年代,为了反对民主党发起的社会变革,这两股溪流先是分道扬镳,而后不可避免地激情碰撞,最终以贪婪粗犷的保守派全面获胜而告终。戈德华特主义在最近半个世纪的稳定延承使得共和党人逐渐意识到,原来他们从来就不需要像民主党人一样为了某些看似高尚的政治理念裹挟并装饰美国。"共和党是美国政府中的天然党,美国本就是一个右派国家"。② 共和党人只需要将自己最原始的政治本能发挥出来,与本土选民沉瀣一气,让美国回归美国原本该有的样子,就可以以廉价的政治成本持续性地代言美国。较之于民主党,共和党的政党哲学或许从来就不需要那么激情澎湃抑或罗曼蒂克,自1964年以来,共和党的政治领袖永远在讲述大抵雷同的政治叙事,这个叙事的主题是家庭、教堂、社区、协会和市场,这个叙事时刻提醒美国人民不要变成"胆小而

---

① 白修德:《美国总统的诞生》,第78页。
② 约翰·米克尔思韦特、阿德里安·伍尔德里奇:《右派国家:美国为什么独一无二》,第6页。

勤劳的牲畜"、①美国政府不要成为"极权主义的蚂蚁堆",②这个叙事始终聚焦合众国现实而非理想国幻象、始终聚焦为美国代言而不是为全人类祈福,这使得共和党看似先验地成了一个距离美国人民更近、更为真实、更富责任感的政党。正如罗素·柯克所言,保守主义在本质上应该是务实的、传统的、反意识形态的;③正如里根在1964年初涉政坛时为戈德华特做出的历史性辩护:"命运把你们和我连在一起。我们可以为我们的孩子保全地球上人类最后一点美好的希望,我们也可以让他们迈出堕入4年黑暗深渊的第一步。如果我们失败了,至少要让我们的子孙后代在谈论我们的时候说,我们在这里没有白白度过属于我们的短暂时光,我们曾经竭尽全力"。④

"特朗普乱政"已经结束,美国选举政治史上崭新的一页亟待书写。尽管民主与共和两党各有各的政治叙事、各有各的政党

---

① 托克维尔曾经在《论美国的民主》中发出警告,称如果政府权力过大,民主制度可能最终沦为暴政。"统治者用一张其中织有详尽的、细微的、全面的和划一的规则的密网盖住社会,最有独创精神和最有坚强意志的人也不能冲破这张网而成为出类拔萃的人物。他并不践踏人的意志,但他软化、驯服和指挥人的意志。他不强迫人行动,但不断妨碍人行动。他什么也不破坏,只是阻止新生事物。他不实行暴政,但限制和压制人,使人精神颓废、意志消沉和麻木不仁,最后使全体人民变成一群胆小而会干活的牲畜,而政府则是牧人。"引自托克维尔:《论美国的民主》下册,董果良译,商务印书馆,2011,第870页。

② "我们被越来越多地告知必须在左和右之间做出选择,我想建议,我们没有向左或者向右的选择,只有向上或向下的选择——向上,我们将实现永恒的梦想,也即与法律和秩序相一致的个体终极自由;向下,我们将下降至极权主义的蚂蚁堆。"引自里根1964年为戈德华特参议员助选所做的著名演讲《抉择时刻》,详见Donald Reagan, "A Time for Choosing Speech," an address on behalf of Senator Barry Goldwater, October 27, 1964, accessed January 31, 2021, https://www.presidency.ucsb.edu/documents/address-behalf-senator-barry-goldwater-time-for-choosing。

③ 拉塞尔·柯克:《保守主义思想:从伯克到艾略特》,张大军译,江苏凤凰文艺出版社,2019。

④ Donald Reagan, "A Time for Choosing Speech."

使命:一方代表着传统的定居者,另一方代表着全新的外来者;一方是感人的本土叙事,另一方是迷人的未来叙事;一方代表着个体主义与复辟主义,另一方代表着普遍主义与进步主义。短期看来,似乎谁也无法将谁说服。然而,美国的选举政治博弈已经进行了200多年,两大政党及其政治精英普遍认同一个心照不宣的共识:一个渐次老去的旧美国终将让位于一个冉冉升起的新美国,如同19世纪末农业美国让位于工业美国、两次世界大战中孤立美国让位于霸权美国、20世纪60年代白人美国让位于多元美国一样。有自由主义事业在前方推动变革,就自然会有保守主义事业在身后做出回应;有个体主义者颂扬人性自由落体的自然状态,就终归会有集体主义者在道德与价值行将落地前的最后时刻带来救赎。尽管没有任何一个过程会一帆风顺,但各大选民联盟、各大政党派系终究会在激烈的缠斗与抗辩过后,实现彼此间的勉力合作与大体宽容。只要美国政治生活中的问题依然是可以妥协的,政党就是妥协的大舞台。如果情况不再是如此,国家本身也就到了解体的边缘,政党也必须重建。[①] 当新的政治变革出现的时候,选民手中再次写下的选票将不仅是对后特朗普时代的宣判,更将是对于整个第七政党体系的彻底宣判。彼时,一场久违的关键性选举或将真正到来。

---

① 丹尼尔·布尔斯廷:《美国人:从殖民到民主的历程——建国的历程》,时殷弘、谢延光等译,上海译文出版社,2014,第564页。

参考文献

一、外文文献

(一) 英文书籍

1. Abramowitz, Alan, *The Great Alignment: Race, Party Transformation and the Rise of Donald Trump*, New Haven: Yale University Press, 2018.
2. Allen, Jonathan, *Shattered: Inside Hillary Clinton's Doomed Campaign*, Danvers: Crown, 2017.
3. Atkins, Curtis, *Forging a New Democratic Party: The Politics of the Third Way from Clinton to Obama*, Toronto: York University, 2015.
4. Baer, Kenneth, *Reinventing Democrats: The Politics of Liberalism from Reagan to Clinton*, Kansas: University Press of Kansas, 2000.
5. Beeby, James, *Revolt of the Tar Heels: The North Carolina Populist Movement, 1890-1901*, Jackson: University Press of Mississippi, 2008.
6. Bianco, William and David Canon, *American Politics Today*, New York: W. W. Norton and Company, 2014.
7. Brady, David, *Critical Elections and Congressional Policy Making*,

Stanford: Stanford University Press, 1991.

8. Busch, Andrew, *Reagan's Victory: The Presidential Election of 1980 and the Rise of the Right*, Kansas: University Press of Kansas, 2015.
9. Burnham, Walter, *Critical Elections and the Mainsprings of American Politics*, New York: W.W. Norton and Company, 1970.
10. Burnham, Walter, Ronald Formisand, Samuel Hays, Richard Jensen, Paul Kleppner and Willaim Shade, *The Evolution of American Electoral Systems*, Westport, CT. : Greenwood, 1981.
11. Campbell, Angus, Philip Converse, Warren Miller and Donald Stokes, *Elections and the Political Order*, New York: John Wiley & Sons, Inc., 1966.
12. Campbell, Angus, Philip Converse, Warren Miller and Donald Stokes, *The American Voter*, New York: John Willey & Sons, Inc.,1960.
13. Campbell, Angus and Richard Trilling, *Realignment in American Politics: Toward a Theory*, Texas: University of Texas Press, 2014.
14. Campbell, Colin and Bert A. Rockman, *The Clinton Presidency: First Appraisals*, Chatham: Chatham House, 1996.
15. Chambers, William and Walter Burnham, *The American Party Systems: Stages of Political Development*, New York: Oxford University Press, 1975.
16. Charles River Editors, *The Election of 1800: The History and Legacy of America's Most Controversial Presidential Election*, Create Space Independent Publishing Platform, 2016.
17. Clinton, Hillary, *What Happened?* New York: Simon & Schuster, 2017.

18. Clubb, Jerome, William Flanigan and Nancy Zingale, *Partisan Realignment: Voters, Parties and Government in American History*, Beverly Hills: Sage Publications, 1980.
19. Cohen, Michael, *American Maelstrom: The 1968 Election and the Politics of Division*, London: Oxford University Press, 2016.
20. Cole, Donald, *Vindicating Andrew Jackson: The 1828 Election and the Rise of the Two-Party System*, Kansas: University Press of Kansas, 2009.
21. Diamond, William, *The American Historical Review*, Vol. 46, Issue 2, 1941.
22. Dodd, Lawrence and Calvin Jillson, *The Dynamics of American Politics: Approaches and Interpretation*, Boulder: Westview Press, 1994.
23. Edsall, Thomas and Mary Edsall, *Chain Reaction: The Impact of Race, Rights and Taxes on American Politics*, New York: W.W. Norton, 1991.
24. Farber, David, *The Rise and Fall of Modern American Conservatism: A Short History*, Princeton: Princeton University Press, 2012.
25. Ferguson, Thomas and Joel Rogers, *Right Turn: The Decline of the Democrats and the Future of American Politics*, New York: Hill and Wang, 1986.
26. Fiorina, Morris, *Retrospective Voting in American National Elections*, New Haven: Yale University Press, 1981.
27. Fishel, Jeff, *Parties and Elections in an Anti-party Age*, Bloomington: Indiana University Press, 1978.
28. Ford, Henry, *The Rise and Growth of American Politics, a Sketch of*

Constitutional Development, Scotts Valley: Create Space Independent Publishing Platform, 2017.

29. Fraser, Steve and Gary Gerstle, *The Rise and Fall of the New Deal Order, 1930-1980*, Princeton: Princeton University Press, 1989.

30. Gingrich, Newt, *Understanding Trump*, New York: Center Street, 2017.

31. Goldwater, Barry, *The Conscience of a Conservative*, Victor Publishing Co., 1960.

32. Greenstein, Fred, *The Reagan Presidency: An Early Assessment*, Baltimore: Johns Hopkins University Press, 1982.

33. Hal, Williams, *Realigning America: McKinley, Bryan and the Remarkable Election of 1896*, Kansas: University Press of Kansas, 2010.

34. Harris, John, *The Survivor: Bill Clinton in the White House*, New York: Random House, 2006.

35. Hershey, Marjorie, *Party Politics in America*, New York: Longman, 2006.

36. Hohenberg, John, *Reelecting Bill Clinton: Why America Chose a New Democrat*, New York: Syracuse University Press, 1997.

37. Holt, Michael, *The Election of 1860: A Campaign Fraught with Consequences*, Kansas: University Press of Kansas, 2017.

38. Hoover, Herbert, *The Challenge to Liberty*, New York: Charles Scribner's Sons, 1934.

39. Jackson, John. "Issues and Party Alignment," in Maisel, L., Sacks, P.M. (eds.), *The Future of Political Parties*, Beverly Hills: Sage, 1975.

40. Jensen, Richard, *The Winning of the Midwest: Social and Political Conflict, 1888–1896*, Chicago: University of Chicago Press, 1971.
41. Judis, John and Ruy Teixeira, *The Emerging Democratic Majority*, New York: Scribner Publishing, 2004.
42. Judis, John, *The Populist Explosion: How the Great Recession Transformed American and European Politics*, New York: Columbia Business Reports, 2016.
43. Kazin, Michael, *A Godly Hero: The Life of William Jennings Bryan*, New York: Knopf Doubleday, 2007.
44. Key, V.O., Jr., *Politics, Parties and Pressure Groups*, New York: Growell Co., 1952.
45. Key, V.O., Jr., *Politics, Southern Politics in State and Nation*, New York: Alfed A. Knopf, 1949.
46. Kirk, Russell, *The Conservative Mind: From Burke to Eliot*, Washington D.C.: Regnery Publishing, 2001.
47. Kotz, Nick, *Judgment Days: Lyndon Baines Johnson, Martin Luther King, Jr., and the Laws that Changed America*, Boston: Mariner Books, 2005.
48. Lawrence, David, *The Collapse of the Democratic Presidential Majority: Realignment, Dealignment and Electoral Change from Franklin Roosevelt to Bill Clinton*, Colorado: West View Press, 1996.
49. Lassiter, Matthew, *The Silent Majority: Suburban Politics in the Sunbelt South*, Princeton: Princeton University Press, 2013.
50. Mayhew, David, *Electoral Realignments: A Critique of an American Genre*, New Haven: Yale University Press, 2004.
51. McClelland, David, *Power: The Inner Experience*, New York:

Irvington Press, 1975.
52. McKelvey, Blake, *American Urbanization*: *A Comparative History*, New York: Scott, Foresman and Company, 1973.
53. McMath, Robert, Jr., *American Populism*: *A Social History, 1877-1898*, New York: Hill and Wang, 1993.
54. Miller, Merle, *Plain Speaking*: *An Oral Biography of Harry S. Truman*, New York: Berkley, 1986.
55. Miller, Warren and Merrill Shanks, *The New American Voter*, Harvard: Harvard University Press, 1996.
56. Miroff, Bruce, Raymond Sidelman and Todd Swanstrom, *The Democratic Debate*: *An Introduction to American Politics*, New York: Houghton Mifflin Company, 2002.
57. Miroff, Bruce, *The Liberals' Moment*: *The McGovern Insurgency and the Identity Crisis of the Democratic Party*, Kansas: University Press of Kansas, 2007.
58. Nelson, Michael, *Resilient America*: *Electing Nixon in 1968, Channeling Dissent, and Dividing Government*, Kansas: University Press of Kansas, 2014.
59. Niemi, Richard, *The Politics of Future Citizens*, San Francisco: Jossey-Bass Publishers, 1974.
60. Norris, Frank, *The Octopus*, New York: Dover Publications, 2013.
61. O'Donnell, Lawrence, *Playing with Fire*: *The 1968 Election and the Transformation of American Politics*, London: Penguin Press, 2017.
62. Pasley, Jeffrey, *The First Presidential Contest*: *1796 and the Founding of American Democracy*, Kansas: University Press of Kansas, 2013.

63. Patterson, James, *Congressional Conservatism and the New Deal*, Kentucky: University Press of Kentucky, 1967.
64. Paulson, Arthur, *Electoral Realignment and the Outlook for American Democracy*, Lebanon: University Press of New England, 2007.
65. Phillips, Kevin, *The Emerging Republican Majority*, Princeton: Princeton University Press, 2014.
66. Powell, Jefferson and William Taft, *Our Chief Magistrate and His Powers*, New York: Columbia University Press, 1916.
67. Reichley, James, *The Life of the Parties: A History of American Political Parties*, Washington D.C. : Rowman & Littlefield Publishers, 2000.
68. Ritchie, Donald, *Electing FDR: The New Deal Campaign of 1932*, Kansas: University Press of Kansas, 2007.
69. Roosevelt, Theodore, *An Autobiography*, New York: Charles Scribner's Sons, 1913.
70. Rosenman, Samuel, *The Public Papers and Addresses of Franklin D. Roosevelt*, New York: Random House, 1938-1950.
71. Scammon, Richard and Ben Wattenberg, *The Real Majority: The Classic Examination American Electorate*, New York: Primus-Donald I. Fine, Inc., 1979.
72. Schantz, Harvey, *American Presidential Elections: Process, Policy, and Political Change*, New York: State University of New York Press, 1996.
73. Schattschneide, Elmer, *The Semi-Sovereign People*, New York: Holt, Rinehart, and Winston, 1960.

74. Schlesinger, Arthur, Jr., *The Age of Roosevelt,* Vol. 1, *The Crisis of the Old Order, 1919-1933*, Boston: Houghton Mifflin, 1957.
75. Schlesinger, Arthur, Jr., *The Coming of the New Deal*, New York: Houghton Mifflin, 2003.
76. Schlesinger, Arthur, Jr., *The Cycles of American History*, Boston: Houghton Mifflin, 1986.
77. Schlesinger, Arthur, Sr., *Paths to the Present*, New York: Macmillan, 1949.
78. Schlozman, Daniel, *When Movements Anchor Parties*: *Electoral Alignments in American History*, Princeton: Princeton University Press, 2015.
79. Shafer, Byron, *The End of Realignment?*: *Interpreting American Electoral Era*, Madison: University of Wisconsin Press, 1991.
80. Shannon, Fred, *The Farmer's Last Frontier*: *Agriculture, 1860-1897*, London: Routledge, 1973.
81. Shermer, Elizabeth, *Barry Goldwater and the Remaking of the American Political Landscape*, Arizona: University of Arizona Press, 2013.
82. Skocpol, Theda and John L. Campbell, *American Society and Politics*: *Institutional, Historical and Theoretical Perspectives*, New York: McGraw-Hill, Inc., 1995.
83. Sundquist, James, *Dynamics of the Party System*: *Alignment and Realignment of Political Parties in the United States*, Washington D.C. : Brookings Institution, 1973.
84. Sundquist, James, *Presidents, Parties, and the State*, UK: Cambridge University Press, 2000.

85. Stone, Roger, *The Making of the President 2016: How Donald Trump Orchestrated a Revolution*, New York: Sky Horse Publishing, 2017.
86. Trende, Sean, *The Lost Majority: Why the Future of Government Is Up for Grabs–and Who Will Take It*, New York: St. Martin's Press, 2012.
87. Tur, Katy, *Unbelievable: My Front-Row Seat to the Craziest Campaign in American History*, New York: Dey Street Books, 2017.
88. Wattenberg, Martin, *The Decline of American political parties, 1952-1992*, Cambridge: Harvard University Press, 1990.
89. Wattenberg, Martin, *The Rise of Candidate-centered Politics: Presidential Elections of the 1980s*, Cambridge: Harvard University Press, 1990.
90. Wayne, Stephen, *The Road to the White House: The Politics of Presidential Elections*, New York: St. Martin's Press, Inc., 1996.
91. Weisberg, Jacob, *In Defense of Government: The Fall and Rise of Public Trust*, New York: Scirbner, 1996.
92. White, John, *What Happened to the Republican Party?: And What It Means for American Presidential Politics*, New York: Routledge Press, 2015.
93. White, Theodore, *The Making of the President, 1964*, New York: Harper Collins e-books, 2010.
94. White, Theodore, *The Making of the President, 1968*, New York: Harper Collins e-books, 2010.
95. White, Theodore, *The Making of the President, 1972*, New York: Harper Collins e-books, 2010.
96. Wolff, Michael, *Fire and Fury: Inside the Trump White House*, New

York: Henry Holt and Co., 2018.
97. Zito, Salena and Brad Todd, *The Great Revolt Inside the Populist Coalition Reshaping American Politics*, New York: Crown Forum, 2019.

（二）英文文章

1. Abramowitz, Alan and Kyle Saunders, "Ideological Realignment in the US Electorate," *Journal of Politics*, Vol. 60, No. 3, 1998.
2. Abramowitz, Alan and Ruy Teixeira, "The Decline of the White Working Class and the Rise of a Mass Upper-Middle Class," *Political Science Quarterly*, Vol. 124, No. 3, 2009.
3. Axelrod, Robert, "Where the Votes Come From: An Analysis of Electoral Coalitions, 1952-1968," *American Political Science Review*, Vol. 66, Issue 1, 1972.
4. Beck, Allen, "The Electoral Cycle and Patterns of American Politics," *British Journal of Political Science*, Vol. 9, No. 2, 1979.
5. Beito, Linda and David Beito, "Gold Democrats and the Decline of Classical Liberalism, 1896-1900," *Independent Review*, Vol. 4, No. 4, Spring 2000.
6. Benjamin Ginsberg, "Critical Elections and the Substance of Party Conflict: 1844- 1968," *Midwest Journal of Political Science*, 1972.
7. Bennett, Lance and William Haltom, "Issue, Voter Choice, and Critical Elections," *Social Science History*, Vol. 4, 1980.
8. Brady, David, "A Reevaluation of Realignments in American Politics: Evidence from the House of Representatives," *American Political Science Review*, Vol. 79, 1985.

9. Brady, David, "Critical Elections, Congressional Parties and Clusters of Policy Change," *British Journal of Political Science*, Vol. 8, 1985.
10. Burnham, Walter, "Revitalization and Decay: Looking toward the Third Century of American Electoral Politics," *The Journal of Politics*, Vol. 38, No. 3, 1976.
11. Burnham, Walter, "Theory and Voting Research: Some Reflections on Converse's Change in the American Electorate," *American Political Science Review*, Vol. 65, No. 3, 1974.
12. Carmines, Edward, "The Logic of Party Alignments," *Journal of Theoretical Politics*, Vol. 3, No. 1, 1991.
13. Converse, Philip, Aage Clausen and Warren Miller, "Electoral Myth and Reality: The 1964," *American Political Science Review*, Vol. 59, No.2, 1965.
14. Erikson, Robert, "Economic Conditions and the Presidential Vote," *American Political Science Review*, Vol. 83, No.2, 1989.
15. Huckfeldt, Robert, John Sprague and Jeffrey Levine, "The Dynamics of Collective Deliberation in the 1996 Election: Campaign Effects on Accessibility, Certainty, and Accuracy," *American Political Science Review*, Vol. 94, No. 3, 2000.
16. Inglehart, Ronald and Avram Hochstein, "Alignment and Dealignment of the Electorate in France and the United States," *Physica C Superconductivity*, Vol. 5, No. 3, 1972.
17. Jackson, John, "Issues, Party Choices and Presidential Voting," *American Journal of Political Science*, Vol. 19, 1975.
18. Julia, Azari and Marc Hetherington, "Back to the Future? What the Politics of the Late Nineteenth Century Can Tell Us about the 2016

Election," *Annals of the American Academy of Political & Social Science*, Vol. 667, No.1, 2016.

19. Key, V.O., Jr., "A Theory of Critical Elections," *The Journal of Politics*, Vol. 17, No. 1, 1955.

20. Key, V.O., Jr., "Secular Realignment and the Party System," *The Journal of Politics*, Vol. 21, No. 2, 1959.

21. Key, V. O., Jr., "The Future of the Democratic Party," *The Virginia Quarterly Review*, Vol. 28, 1952.

22. Klingberg, Frank, "The Historical Alternation of Moods in American Foreign Policy," *World Politics* 4, January 1952.

23. Layman, Geoffrey and Thomas Carsey, "Party Polarization and Conflict Extension in the American Electorate," *American Journal of Political Science*, Vol. 46, No. 4, 2002.

24. Markus, Gregory and Philip Converse, "A Dynamic Simultaneous Equation Model of Electoral Choice," *American Political Science Review*, Vol. 73, 1979.

25. Mayer, William, "Changes in Elections and the Party System: 1992 in Historical Perspective," in Jones, Bryan D. (ed.), *The New American Politics*, Colorado: West View Press, 1995.

26. Merrill, Samuel, Bernard Grofman and Thomas Brunell, "Cycles in American National Electoral Politics, 1854-2006: Statistical Evidence and an Explanatory Model," *American Political Science Review*, Vol, 702, No. 1, 2008.

27. Miller, Gary and Norman Schofield, "The Transformation of the Republican and Democratic Party Coalitions in the US," *Perspectives on Politics*, Vol. 6, No. 3, 2008.

28. Norpoth, Helmut and Jerrold Rusk, "Electoral Myth and Reality: Realignments in American Politics," *Electoral Studies*, Vol. 26, No. 2, 2007.
29. Petrocik, John, "Realignment: New Party Coalitions and the Nationalization of the South," *The Journal of Politics*, Vol. 49, No. 2, 1987.
30. Pomper, Gerald, "Classification of Presidential Elections," *The Journal of Politics*, Vol. 29, No. 3, 1967.
31. Rabinowitz, George and Stuart Macdonald, "A Directional Theory of Issue Voting," *American Political Science Review*, Vol. 83, No. 1, 1989.
32. Schofield, Norman, Gary Miller and Andrew Martin, "Critical Elections and Political Realignments in the USA: 1860-2000," *Political Studies*, Vol. 51, No. 21, 2003.
33. Stephanopoulos, Nicholas and Eric McGhee, "Partisan Gerrymandering and the Efficiency Gap," *University of Chicago Law Review*, Vol. 82, 2015.
34. Waterman, Richard, Bruce Oppenheimer and James Stimson, "Sequence and Equilibrium in Congressional Elections: An Integrated Approach," *The Journal of Politics*, Vol. 53, No. 2, 1991.

二、中文文献

（一）中文书籍

1. 艾拉·卡茨尼尔森：《恐惧本身——罗斯福新政与当今世界格局的起源》，彭海涛译，山西人民出版社，2018。

2. 白修德:《美国总统的诞生》,舒琦、赵仁涛译,中信出版社,2016。
3. 彼得·帕雷特:《现代战略的缔造者:从马基雅维利到核时代》,时殷弘等译,世界知识出版社,2006。
4. 戴维·哈尔伯斯坦:《出类拔萃之辈》,齐沛合译,生活·读书·新知三联书店,1973。
5. 戴维·哈伯斯坦:《和平年代的战争——布什、克林顿和他们的将军》,王振玲、贾令仪译,东方出版社,2005年。
6. 丹尼尔·布尔斯廷:《美国人:从殖民到民主的历程》,时殷弘、谢延光等译,上海译文出版社,2014。
7. 弗格斯·M.博德维奇:《首届国会:美国政府的创造(1789—1791)》,濮阳荣译,上海社会科学院出版社,2018。
8. 福克纳:《美国经济史》下册,王锟译,商务印书馆,1983。
9. 亨利·斯蒂尔·康马杰:《美国精神》,南木等译,光明日报出版社,1998。
10. 拉塞尔·柯克:《保守主义思想:从伯克到艾略特》,张大军译,江苏凤凰文艺出版社,2019。
11. 莱斯利·惠勒:《吉米·卡特》,北京大学法律系编译组译,人民出版社,1978。
12. 李剑鸣:《大转折的年代:美国进步主义运动研究》,天津教育出版社,1992。
13. 卢·坎农:《从演员到总统:罗纳德·里根》,潘世强、黄炳辉、渠济瀛、柳晓渝、王冬梅译,道明校,中国社会科学出版社,1986。
14. 理查德·罗素:《筑就我们的国家:20世纪美国左派思想》,黄宗英译,生活·读书·新知三联书店,2014。

15. 理查德·尼克松:《尼克松回忆录》,伍任译,郑文华、黄雨时、梁人校,商务印书馆,1978。
16. 纳尔逊·波尔斯比、艾伦·威尔达夫斯基:《总统选举——美国政治的战略与构架》,管梅译,北京大学出版社,2007。
17. 乔治·布什:《乔治·布什自传》,涂芝译,柴金如校,世界知识出版社,1989。
18. 乔治·莱考夫:《道德政治:自由派和保守派如何思考》,张淳、胡红伟译,社会科学文献出版社,2019。
19. 萨缪尔·亨廷顿:《我们是谁:美国国家特性面临的挑战》,程克雄译,新华出版社,2005。
20. 萨缪尔·亨廷顿:《美国政治:激荡于理想与现实之间》,先萌奇、景伟明译,新华出版社,2017。
21. 施密特、谢利、巴迪斯:《美国政府与政治》,梅然译,北京大学出版社,2005。
22. 时殷弘:《美国在越南的干涉和战争(1954—1968)》,世界知识出版社,1993。
23. 时殷弘:《现当代国际关系史》,中国人民大学出版社,2006。
24. 时殷弘:《对外政策与历史教益:研判和透视》,世界知识出版社,2014。
25. 孙哲:《左右未来:美国国会的制度创新和决策行为》,上海人民出版社,2012。
26. 威廉·曼彻斯特:《光荣与梦想》,四川外国语大学翻译学院翻译组译,中信出版社,2015。
27. 威廉·爱·洛克藤堡:《罗斯福与新政(1932—1940)》,朱鸿恩、刘绪贻译,商务印书馆,1993。
28. 沃尔特·米德:《美国外交政策及其如何影响了世界》,曹化银译,中信出版社、辽宁教育出版社,2003。
29. 西德尼·米尔奇斯、迈克尔·尼尔森:《美国总统制:起源与发展(1776—2007)》,朱全红译,华东师范大学出版社,2008。
30. 杨钊:《纽约州政党政治与美国第二政党体制的起源(1812—1824)》,中国社会科学出版社,2019。
31. 约翰·加迪斯:《遏制战略:战后美国国家安全政策评析》,时殷弘、李庆四、樊吉社译,世界知识出版社,2005。
32. 余志森主编:《美国通史——崛起和扩张的年代》,人民出版社,2002。
33. 约翰·米克尔思韦特、阿德里安·伍尔德里奇:《右派国家:美国为什么独一无二》,王传兴译,中信出版社,2014。
34. 游天龙、华建平、林垚:《总统是怎么选出来的?》,台海出版社,2016。

(二)中文文章

1. 柴宝勇:《政党认同研究在西方——综述与评价》,《浙江工商大学学报》2007年第5期。
2. 刁大明:《2016年大选与美国政治的未来走向》,《美国研究》2016年第6期。
3. 刁大明:《美国特朗普政府首年执政评估》,《美国研究》2018年第1期。
4. 刁大明:《特朗普现象探悉》,《现代国际关系》2016年第4期。
5. 刁大明:《试析美国共和党的"特朗普化"》,《现代国际关系》2018年第10期。
6. 刁大明:《2020年大选与美国民主党的转型》,《国际论坛》2020年第6期。

7. 刁大明:《身份政治、党争"部落化"与2020年美国大选》,《外交评论》2020年第6期。

8. 付随鑫:《当代美国的南部政党重组与政治极化》,《当代世界与社会主义》2018年第4期。

9. 何俊志:《"文化战争"与美国政治的神话和现实》,《国外理论动态》2015年第10期。

10. 黄仁伟:《论美国平民党运动的历史地位》,《世界历史》1989年第1期。

11. 潘亚玲:《从熔炉到战场:美国政党重组中的族裔角色》,《国际关系研究》2016年第6期。

12. 强舸:《奥巴马选民VS特朗普选民:关键性选举与美国政党选民联盟重组》,《复旦学报》2018年第1期。

13. 时殷弘:《美国权势的变迁》,《现代国际关系》2006年第9期。

14. 时殷弘:《自由主义与美国对外政策》,《美国研究》2005年第6期。

15. 时殷弘:《美国权势、"西方模式"和相关的信心问题》,《现代国际关系》2009年第11期。

16. 时殷弘:《特朗普当选美国总统对世界和中国的含义》,《太平洋学报》2017年第1期。

17. 王传兴:《美国第五政党体系中的两次少数派颠覆事件及影响——从社会力量结构的变化进行分析》,《同济大学学报》(社会科学版)2009年第8期。

18. 王传兴:《论人口迁移对美国政党体系演变的影响》,《美国研究》2015年第1期。

19. 王浩:《"特朗普现象"与美国政治变迁的逻辑及趋势》,《复旦学报》(社会科学版)2017年第6期。

20. 王立新：《踌躇的霸权：美国获得世界领导地位的曲折历程》，《美国研究》2005年第1期。
21. 王立新：《试论美国外交史上的对外干预——兼论自由主义意识形态对美国对外干预的影响》，《美国研究》2005年第2期。
22. 谢韬：《从大选看美国的历史周期、政党重组和区域主义》，《美国研究》2012年第4期。
23. 谢韬：《美国国家认同的危机——民主、种族和霸权的视角》，《现代国际关系》2017年第12期。
24. 谢韬：《2020年总统选举与美国政治衰败》，《当代世界》2020年第12期。
25. 杨悦：《美国众议院选区划分及其政治含义》，《国际论坛》2012年第7期。
26. 张业亮：《关键性选举与美国选举政治的变化》，《美国研究》2004年第3期。
27. 张业亮：《"极化"的美国政治：神话还是现实？》，《美国研究》2008年第3期。
28. 张业亮：《另类右翼的崛起及其对特朗普主义的影响》，《美国研究》2017年第4期。
29. 邹虹瑾、谢韬：《美国总统选举中的价值观之争：以加利福尼亚州的嬗变为例》，《当代美国评论》2020年第3期。

附 录

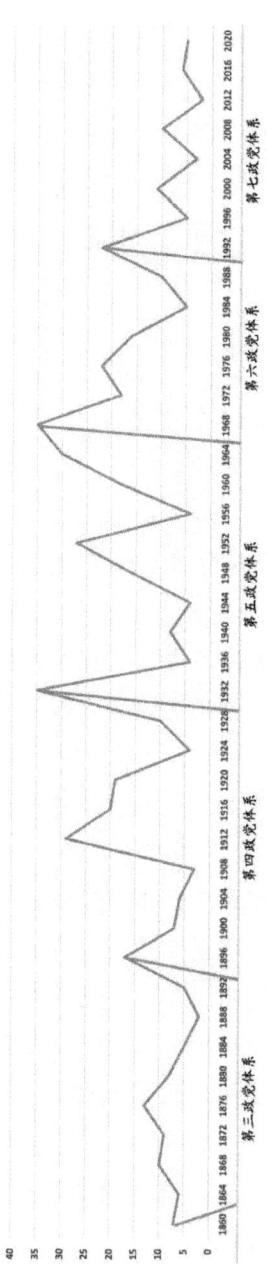

图 1 政党重组理论有关七次政党体系的分布图

资料来源：图为作者自制。

注：横轴为总统竞选年份，纵轴为叛变州数量。有两点说明：一是南北战争之前两党制尚不稳定，数据代表性较差。二是部分年份因特殊情况出现大量叛变州，比如 1912 年西奥多·罗斯福以第三党身份干扰竞选，1952 年选民对民主党连续五届执政产生反感，1974 年的"水门事件"深度影响 1976 年选情，剔除这些非常规情况后，关键性选举节点非常清晰。

致 谢

感谢时殷弘老师在 2016 年 11 月 8 日的救赎。我的博士学习起于一个再普通不过的浑浑噩噩的一天,时老师在那天傍晚点评美国大选时第一句话就讲道,"我们所熟悉的那个时代已经永远离去了",几乎瞬间唤醒了我驽钝且干涸已久的灵魂。此后 5 年,我重回校园课堂、重回读书写作,重回一种丰盈而饶有秩序的生活。听老师讲克里昂的道德两难、讲雅典人的米洛斯对话、讲迈内克如何鞭打命运,时常令我感到无比富足,我原本毫无想象力的人生开始渐渐有了一些可爱和充满希望的部分。

基于一种生存欲的烤炙,我急于知道自己究竟处于一个怎样的时代,对个体命途的功利关切逾越了求学原本应有的知性真诚,最终,我选择美国选举政治作为理解这一问题的起点。论文写作过程中,时老师给予了至为关键的指导,帮助我以较低的学术质素勉力完成论文。与此同时,终究会有一些东西永远留存心底,比如戈德华特的绝对时刻——"让我提醒你们,捍卫自由时的极端并不是罪恶,追求正义时的温和也绝非美德";又比如史蒂文森的自省箴言——"树林可爱幽暗又深密,但诺言须守怎能儿戏,想要歇息还需行万里,想要歇息还需行万里"。我想,这就是博士学习的意义所在吧。

感谢李隽旸长伴于身边。这个小家伙"没干过一件好事情",但的确是她把我领上了博士学习的道路。沿着一些粗劣的模仿,我渐渐明白了如何去做一个合格的好学生、做一个快乐的计件工、做一个敢于追求自己梦想的双子座、做一个真正的爸爸。没有她的引导和鼓励,任由我如何透支想象力,也无法有勇气去选择当下的生活。有些遗憾的是,一如既往,我的博士学位论文她并没有兴趣过多参与。她提供的支持在于,每当我不时怀疑自己的学习能力,她总是会用特别愚蠢的方式让我多少捡拾起一些自信,继续坚定地走下去。任何时候,她都是我最可信赖的伙伴,16年前我们试探着走进对方生活的时候是这样,现在依然如是。我最终能够完成博士学业,要非常感谢李隽旸同学,又或许,我只是不想被落下太多吧,以及我想,我们大抵会是一辈子的好朋友吧。

感谢我的父母。我的父亲年逾60岁,但仍然保持着强烈的好奇心、求知欲和拿破仑般意欲征服整个世界的热望,我的每篇专栏习作、每期访谈节目,他都会认真观看,并提出修改意见,事实上,他是唯一一个从头到尾、一字不落通读我博士学位论文的人。我的母亲实在是看不下去论文,但她以自己特有的方式给予我关爱。这些年下来,我经常觉得无比惊讶,我的父母竟然能够远远超脱出他们所在的时代地域和知识结构,仍然像哺育孩子般,坚决护卫我自由生长和恣肆生活的权利。我所行走的道路,是一条我和我所在的家庭都不甚熟悉的道路,我并不知道自己最终会走向哪里,我想他们就站在身后这样看着我,心底应该会更担心吧。我不能奢求更多,我很爱我的父母。

感谢我的爷爷。博士学习期间,爷爷永远地离开了我,而后我的整个世界发生了翻天覆地的变化。仿佛与命运赌气般,我开始鲁莽地挑战自身属性的很多原生部分，直至现在，亦不知该如何收场。有时我想，如果爷爷还在，看到我发了专栏、上了电视、取得了博士学位，应该会很开心吧。如果爷爷还在，我也不至于经常惶恐，与爷爷坐在一起望着天花板度过一个无聊的下午，总能让我心绪平静。这两年开始越来越多的在夜半醒来，我非常想念他。

最后，也感谢自己。写下这篇致谢的时候，刚好迎来自己的35周岁生日。最尾这几天，大抵想明白了如何在一个缺乏安全感的年纪去做自己的主人、照看自己的灵魂——"从镜内发展恩爱"。我不知道下一个5年自己会做什么，无论怎样，我爱这世界，我将期待并满怀热忱地接受一切命运的安排。

以歌德《象征》里的教诲自勉：我们要你怀抱希望。